MW00512797

β-Thalamol et Performance

Bénédicte Le Panse

Salbutamol et Performance

Effets ergogéniques, métaboliques et hormonaux d'une prise chronique et aiguë de salbutamol

Presses Académiques Francophones

Mentions légales / Imprint (applicable pour l'Allemagne seulement / only for Germany)
Information bibliographique publiée par la Deutsche Nationalbibliothek: La Deutsche Nationalbibliothek inscrit cette publication à la Deutsche Nationalbibliografie; des données bibliographiques détaillées sont disponibles sur internet à l'adresse http://dnb.d-nb.de.

Photo de la couverture: www.ingimage.com

Editeur: Presses Académiques Francophones est une marque déposée de
Südwestdeutscher Verlag für Hochschulschriften GmbH & Co. KG
Heinrich-Böcking-Str. 6-8, 66121 Sarrebruck, Allemagne
Téléphone +49 681 37 20 271-1, Fax +49 681 37 20 271-0
Email: info@presses-academiques.com

Produit en Allemagne:
Schaltungsdienst Lange o.H.G., Berlin
Books on Demand GmbH, Norderstedt
Reha GmbH, Saarbrücken
Amazon Distribution GmbH, Leipzig
ISBN: 978-3-8381-7153-1

Imprint (only for USA, GB)
Bibliographic information published by the Deutsche Nationalbibliothek: The Deutsche Nationalbibliothek lists this publication in the Deutsche Nationalbibliografie; detailed bibliographic data are available in the Internet at http://dnb.d-nb.de.

Cover image: www.ingimage.com

Publisher: Presses Académiques Francophones is an imprint of the publishing house
Südwestdeutscher Verlag für Hochschulschriften GmbH & Co. KG
Heinrich-Böcking-Str. 6-8, 66121 Saarbrücken, Germany
Phone +49 681 37 20 271-1, Fax +49 681 37 20 271-0
Email: info@presses-academiques.com

Printed in the U.S.A.
Printed in the U.K. by (see last page)
ISBN: 978-3-8381-7153-1

REMERCIEMENTS

*Parlant de l'esprit scientifique, **Bachelard** disait:*
« Avant tout, il faut savoir poser des problèmes ». On
pourrait ajouter qu'il faut ensuite savoir ne pas se
contenter des solutions. La science n'est jamais faite;
elle est toujours à faire.

Juger,
C'est de toute évidence ne pas comprendre,
Puisque si l'on comprenait,
On ne pourrait pas juger
A.Malraux (Les conquérants)

Au terme de ce travail, je souhaite témoigner ma reconnaissance à ceux et celles qui m'ont apporté une aide précieuse et qui ont guidé mes pas tout au long de ce travail. Je voudrais également remercier ceux qui ont accepté de juger ce travail et permis de le faire évoluer.

A Madame Collomp Katia, Professeur d'Université d'Orléans.

Une page ne me suffirait pas pour exprimer l'ensemble de cette source inépuisable de bonté qui te vivifie depuis la première parole jusqu'à la dernière....
Tu as inspiré et guidé ce travail avec beaucoup de compétence, patience et gentillesse. Tu as surtout guidé mes premiers pas et tu m'as fais partager ta passion pour la recherche scientifique. Ta disponibilité, tes capacités et ton savoir m'ont été d'un grand secours..
Je tiens à te remercier très sincèrement pour ces trois années de bonheur en ta compagnie et espère pouvoir continuer sur le même chemin que toi.
Reçois toute l'expression de mon amitié et de ma sincère reconnaissance.

A Monsieur Richard Olivier, Maître de conférences à l'Université d'Orléans

Je te remercie sincèrement d'avoir juger ce travail et te remercie également pour ta gentillesse. Mais dois je te remercier pour m'avoir fait supprimer mon si beau schéma ??
Merci de m'avoir fait bénéficier de tes connaissances et de tes conseils.

Au Docteur Lecoq Anne Marie, pneumologue au CHR d'Orléans La Source

Vous nous avez témoigné votre confiance en nous accueillant dans votre laboratoire. Nous avons apprécié vos compétences et votre grande disponibilité dans l'élaboration de ce travail. Sans votre collaboration dispensée avec une rare gentillesse, cette étude n'aurait pu aboutir. Pour vos encouragements et votre confiance, recevez ici l'expression de mon amitié et ma sincère reconnaissance.

A Monsieur Candau Robin, Professeur de l'Université de Montpellier

Vous avez aimablement accepté de mettre vos connaissances et vos compétences à contribution pour juger ce travail. Recevez ici l'expression de ma respectueuse considération et mes sincères remerciements.

A Monsieur Amahidi Said, Professeur de l'Université d'Amiens

Vous m'avez fait l'honneur d'accepter de juger ce travail. Recevez ici l'expression de ma respectueuse considération et mes sincères remerciements.

A Monsieur Portier Hugues, Maître de conférences à l'Université d'Orléans

Je te remercie pour ta collaboration et ta très grande gentillesse pour avoir participer au protocole de cette étude. Tu as dû me supporter pendant ces trois années de travail !!Mais quel bonheur. Nous avons passé de très beaux moments et ta présence était nécessaire pour me remettre sur le droit chemin ! Reçois toute mon amitié et mes plus grands remerciements.

A Alexandre Arlettaz,

Alex ...que te dire qu'aujourd'hui nous sommes dans la même « galère »... Tu as toujours sonné présent aux portes de cette étude et tu as été d'un soutien permanent. Je ne te remercierais encore jamais assez ...reçois ma sincère reconnaissance.

A Nicole et Patrick, Techniciens au Laboratoire du CHR d'Orléans

Vos compétences et votre gentillesse ont été d'un secours précieux. Merci mille fois de m'avoir aidé dans ce travail. A très bientôt !

A Monsieur Benhamou Claude –Laurent et Monsieur Lespessailles Eric, Rhumatologues au CHR La Madeleine d'Orléans

Je vous remercie de m'avoir accueillie dans votre laboratoire afin de réaliser ce travail. Soyez assurés de ma reconnaissance et mon respect

A Monsieur Hatot Stéphane, Professeur de droit à Paris et Président de la Commission Nationale de Force Athlétique

Je vous remercie de me faire l'honneur de présider mon jury. Soyez assuré de ma reconnaissance et de mon respect.

A Corinne, Sakina (et Emanuelle) infirmières à l'Institut de Prévention et de Recherche sur l'Ostéoporose (IPROS)

Emmanuelle, je te remercie pour le peu de temps que tu as passé avec les sujets de l'étude. Corinne et Sakina, je vous remercie pour votre présence. Vous avez été parfaites ! Aimables, gracieuses et compétentes vous avez toujours été présentes les jours d'expérimentation Merci d'avoir fait s'évanouir quelques sujets !.. Quel bonheur de travailler avec vous. Vous avez su accueillir avec enthousiasme les sujets de l'étude et mettre en avant toutes vos capacités humaines. Recevez ma plus sincère reconnaissance.

A Ma Chère Clotilde Gadois, Ingénieur chargé de recherche à l'Institut de Prévention et de Recherche sur l'Ostéoporose (IPROS)

Mon Amie, je te remercie ....à la fois pour ta très grande gentillesse et ta sincérité. Je te remercie pour toute la disponibilité que tu as eue pour moi et qui m'a été d'un très grand secours ! Tes compétences informatiques ont été les bienvenues pour ce travail !! Merci pour tes encouragements, ta patience et tes conseils. Reçois l'expression de toute mon amitié la plus sincère et à bientôt devant un verre !

A tous les sujets de l'étude pour leur courage et leur sympathique participation.

A toute l'équipe de L 'Institut de Prévention et de Recherche sur l'Ostéoporose (IPROS)
A Nico, Eric, Sophie, Hélène, Béatrice, Nathalie, C...de Puce,Christine, Stéphanie, Arnaud, Farida...et tous les autres
Merci pour ces beaux moments passés ensemble ...

Merci également à :

Gautier, Stéphan, Yannick et ma Stef (Tebé) adorée pour leur soutien et leurs encouragements durant ces trois dernières années.

Merci à Mon Grand Frère adoré d'avoir participer par obligation de ma part à l'expérience de l'étude !

Un clin d'œil à Danièle et Gérard Doyelle pour leur reconnaissance.
Les moments partagés au cours des séances de Gym ont été les bienvenus dans l'élaboration de ce travail ! Merci de m'avoir fait décompresser !

Et surtout Merci à

Mes Parents car sans vous, toutes ces nombreuses années de travail n'aurait pu aboutir. Vos encouragements, vos conseils et votre amour m'ont permis d'arriver au terme de ce travail...

TABLE DES MATIERES

REMERCIEMENTS 1

TABLE DES MATIERES 7

INTRODUCTION 14

REVUE DE LITTERATURE 18

I. Formulation et mode d'action 19

 1. *Identification de la substance* *19*

 2. *Mode d'action* *19*

II. Cinétique 21

 1. *Absorption* *21*

 2. *Fixation aux protéines* *21*

 3. *Distribution* *22*

 4. *Métabolisme et élimination* *22*

III. Effets pharmacologiques à dose thérapeutique 23

 1. *Système respiratoire* *24*

  1.1. *Physiologie de la bronchodilatation* *24*

  1.2. *Salbutamol par inhalation* *26*

  1.2.1.   *Posologie* *26*

1.2.2.   *Efficacité de la prise* 26

1.2.3.   *Pharmacodynamie* 27

1.2.4.   *Mise en garde* 27

1.2.5.   *Surdosage* 27

1.2.6.   *Effets indésirables* 27

       1.3. Salbutamol par voie orale (2mg) 28

1.3.1.   *Posologie* 28

1.3.2.   *Efficacité de la prise orale* 28

1.3.3.   *Mise en garde* 29

1.3.4.   *Surdosage* 29

2.   *Système cardiovasculaire* 29

    2.1. Etudes sur des volontaires sains 29

    2.2. Etudes sur des patients asthmatiques 30

3.   *Système nerveux central* 30

4.   *Effets utérins* 30

    4.1. Administration par inhalation 30

    4.2. Administration par voie orale 31

5.   *Effets métaboliques* 31

    5.1. Effets lipidiques 32

    5.2. Effets du salbutamol sur le glucose et l'insuline 33

IV.   Effets pharmacologiques à forte dose **33**

1.   *Effets musculaires* 33

2.   *Effets osseux* 37

V.   Intérêt du salbutamol à l'exercice : législation antidopage . **39**

1.   *Aptitude physique aérobie* 41

1.1. Administration par inhalation de salbutamol chez l'animal *41*

1.1.1.   *Prise chronique* 41

1.2. Administration orale chez l'animal *41*

1.2.1.   *Prise chronique* 41

1.3. Administration par inhalation de salbutamol chez l'homme *42*

1.3.1.   *Prise aiguë de salbutamol* 42

1.3.2.   *Prise aiguë d'autres beta 2 mimétiques* 46

1.4. Administration orale chez l'homme *47*

1.4.1.   *Prise aiguë de salbutamol* 47

1.4.2.   *Prise chronique* 47

2.   *Aptitude physique anaérobie* *48*

2.1. Administration orale d'autres β 2 mimétiques chez l'animal *48*

2.1.1.   *Prise chronique* 48

2.2. Administration par inhalation de salbutamol chez l'homme *49*

2.2.1.   *Prise aiguë de salbutamol* 49

2.2.2.   *Prise aiguë d'autres beta 2 mimétiques* 50

2.3. Administration orale chez l'homme *51*

2.3.1.   *Prise chronique de salbutamol* 51

PARTIE EXPERIMENTALE **61**

Matériel et méthodes **62**

I. Population **62**

1.   *Prise aiguë* *62*

2.   *Prise chronique* *62*

II. Lieux et modalités de recrutement **63**

III. Exercices..**63**

   1.   *Test du Wingate* *63*

   2.   *Test de VO₂ max ou capacité maximale aérobie*................................ *64*

IV. Mesure de la densité minérale osseuse et de la composition corporelle..**65**

   1.   *Généralités* *65*

   2.   *Absorptiométrie biphotonique*...................................... *66*

      2.1. Principe général... *66*

        2.1.1.   *Sites de mesure de la densité minérale osseuse* *66*

V. Traitement **68**

   1.   *Prise chronique*... *68*

   2.   *Prise aiguë*... *68*

VI. Expérimentation **68**

VII. Analyses des paramètres sanguins................................**69**

   1.   *Prise chronique*... *69*

      1.1. Test du Wingate... *69*

      1.2. Test de VO₂ max... *69*

   2.   *Prise aiguë*... *70*

      2.1. Test du Wingate... *70*

      2.2. Test de VO₂ max... *70*

VIII. Statistiques **70**

RESULTATS **71**

I. Prise chronique **72**

  1. Evaluation de la composition corporelle *72*

    1.1. Chez l'homme *72*

    1.2. Chez la femme *73*

  2. Evaluation de la masse osseuse *74*

    2.1. Chez l'homme *74*

    2.2. Chez la femme *75*

  3. Evaluation de performance au cours de l'exercice supramaximal
(Wingate Test) *76*

    3.1. Chez l'homme *76*

    3.2. Chez la femme *77*

  4. Evaluation de performance au cours de l'exercice maximal (VO_2 max)
à la fin du traitement de placebo et de salbutamol chez les sujets entraînés et
sédentaires *78*

    4.1. Chez la femme *78*

  5. Evaluation des paramètres hormonaux au cours du Wingate *80*

    5.1. Chez l'homme *80*

    5.2. Chez la femme *83*

  6. Evaluation des paramètres hormonaux au cours de la VO_2 max *85*

II. Prise aiguë **86**

  1. Evaluation de la performance au cours de l'exercice supramaximal
(Test de Wingate) *86*

1.1. Chez l'homme..*86*

1.2. Chez la femme..*87*

2.   Evaluation au cours de l'exercice submaximal (VO₂ max)..................*88*

2.1. Chez la femme..*88*

*3.   Evaluation des paramètres hormonaux suite à l'exercice supramaximal
(Test de Wingate)*..*89*

3.1. Chez l'homme..*89*

3.2. Chez la femme..*91*

*4.   Evaluation des paramètres hormonaux suite à la prise aiguë de
salbutamol lors du test submaximal (VO₂ max)*..................................*95*

4.1. Chez la femme..*95*

DISCUSSION **97**

I. Prise chronique... **98**

1.   Salbutamol et composition corporelle.......................................*98*

2.   Salbutamol et masse osseuse...*99*

3.   Salbutamol et performance..*100*

4.   Salbutamol et réponses hormonales et métaboliques........................*101*

II. Prise aiguë.. **102**

1.   Salbutamol et réponses hormonales et métaboliques........................*102*

2.   Salbutamol et performance..*103*

CONCLUSION...**- 105 -**

BIBLIOGRAPHIE ....- 107 -

INDEX DES TABLEAUX ....- 120 -

INDEX DES FIGURES ....- 123 -

ARTICLES ....- 126 -

ANNEXES...- 175 -

INTRODUCTION

Le salbutamol est un beta-2 mimétique à courte durée d'action très utilisé en thérapeutique depuis de nombreuses années et utilisé principalement par inhalation dans le traitement de l'asthme et des maladies pulmonaires obstructives chroniques (MPOC), mais également en obstétrique (par voie systémique) pour retarder un travail prématuré en relaxant les muscles lisses utérins. Le sulfate de salbutamol est en général administré sous forme d'inhalations pour obtenir un effet direct sur les muscles lisses des bronches. Ceci est en général réalisé sous forme d'un aérosol-doseur ou nébulisateur. L'administration orale et parentérale du salbutamol est généralement réservée pour les cas d'asthme les plus sévères.

A l'heure actuelle, de nombreux athlètes ont recours aux beta-2 mimétiques et en particulier au salbutamol. Ainsi, dans certaines compétitions internationales (Championnat du Monde d'Aviron, Coupe de Monde de Ski de fond,...), la quasi-totalité des sportifs présentent une AUT abrégée, afin de bénéficier d'une « utilisation thérapeutique » de beta-2 mimétiques. Ce détournement thérapeutique par les sportifs a conduit à l'inscription de cette classe pharmacologique à la liste des substances considérées comme dopantes.

De nombreuses modifications au niveau de cette classe dans la législation antidopage ont d'ailleurs été mises en évidence depuis un certain nombre d'années. En effet, jusqu'en 1996, la liste française spécifique autorise l'utilisation des beta-2 mimétiques sous justification thérapeutique (dossier médical complet à fournir attestant de la présence d'asthme ou d'asthme d'effort) et ce, quelque soit le mode d'utilisation (inhalation, orale) et le beta-2 mimétique. Cependant, cette liste nationale pose des problèmes au niveau international (exemple du cycliste Miguel Indurain) et la France s'aligne à la législation internationale en 1997, législation tolérant l'administration par voie locale des beta-2 mimétiques avec un simple certificat médical, mais interdisant formellement toute administration par voie générale. Il est à noter de plus, que la classification des beta-2 mimétiques a subi des modifications au sein même de cette liste internationale. En effet, la spécificité des beta-2 mimétiques jusqu'en 2004 était d'être interdit à la fois en tant que stimulant et en tant qu'anabolisant. Cependant, en 2004, étant donné le désaccord des experts quant à ces deux effets pharmacologiques, une nouvelle classe pharmacologique spécifique a été rajoutée par l'Agence Mondiale Antidopage (AMA) (S3, AMA 2006), interdisant leur libre utilisation à la fois à l'entraînement et en compétition. Tous les beta-2 agonistes y compris leurs isomères D- et L- sont donc interdits. A titre d'exception, le salbutamol, le formotérol, le salmétérol et la terbutaline sont tolérés lorsque utilisés par inhalation pour prévenir et/ou traiter l'asthme ou une bronchoconstriction d'effort, nécessitant une autorisation d'usage à des fins thérapeutiques abrégée. L'administration par voie générale est formellement interdite quel que soit le beta-mimétique utilisé et un seuil urinaire de positivité a ainsi été fixé (1000 ng/ml) pour le salbutamol, des valeurs supérieures à ce seuil traduisant une administration systémique et donc une utilisation à visée dopante par le sportif. Ainsi, même si une autorisation d'usage à des fins thérapeutiques est accordée, si le laboratoire rapporte une concentration de salbutamol supérieure à 1000ng/ml, ce résultat sera considéré comme des résultats d'analyse anormaux jusqu'à ce que le sportif prouve que ce résultat anormal est consécutif à l'usage thérapeutique de salbutamol par voie inhalée. Il n'en reste pas moins qu'au vu du petit nombre d'études ayant investigué la cinétique des beta-2 mimétiques à l'exercice et les répercussions ergogéniques de ces substances lors d'une administration systémique, il n'existe pas encore de véritable consensus international, un certain nombre de pays souhaitant retirer purement et simplement ces substances de la liste des produits interdits.

Etant donné l'utilisation importante du salbutamol en milieu sportif et cette absence de consensus, nous nous proposons dans le cadre de cette thèse d'explorer les effets d'une prise de beta-2 mimétique sur la performance (exercice supramaximal), les réponses métaboliques et la composition corporelle. Une partie des études a été financée par le CPLD (Conseil de Prévention et de Lutte contre le Dopage) et par l'AMA (Agence Mondiale Antidopage).

PREMIERE PARTIE

REVUE DE LITTERATURE

I. Formulation et mode d'action

Le salbutamol appartient à la classe des beta-2 mimétiques (synonyme : β_2 agonistes, β_2^+).

1. Identification de la substance

Formule chimique :

(ter-butylamino)-2 (hydroxy-4 hydroxymethyl-3 phenyl) - ethanol

2. Mode d'action

Les β_2 mimétiques agissent sur différents tissus de l'organisme dont les cellules portent des récepteurs β_2 adrénergiques. L'activation des récepteurs β_2 adrénergiques conduit à une augmentation de la production cellulaire d'adénosine monophosphate cyclique (AMPc) comme second messager par la stimulation de l'adényl cyclase ce qui peut entraîner des effets physiologiques différents selon les tissus. (Figure 1)

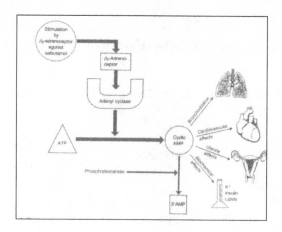

Figure 1 : Représentation des effets physiologiques par le salbutamol (Allan H. et coll. 1989. Salbutamol in the 1980s. A reappraisal of its Clinical Efficacy)

Faisons un bref rappel des effets métaboliques des catécholamines chez l'homme (Tableau 1)

Tableau 1 : Effets métaboliques des catécholamines chez l'homme (Biochimie des activités physiques, Jacques R. Poortmans ; Nathalie Boisseau)

Tissus	Récepteurs	Effets
Foie	α	↗ Glycogénolyse
	β	↗ Synthèse du glycogène
Muscle squelettique	β	↗ Protéogénèse
		↗ glycogénolyse
Tissu adipeux	β_1, β_2, β_3	↗ lipolyse
Poumon	β_2	↗ Ventilation
		↗ Dilatation des bronchioles
Cœur, circulation	α_1	↗ Constriction des vaisseaux périphériques
	β_1	↗ Fc
	β_2	↗ Vasodilatation du cœur, muscles et poumons
		hypertrophie cardiaque
	β_3	↘ Force contractile
Pancréas	α_2	↘Libération d'insuline
	β_2	↗Libération de glucagon

II. Cinétique

1. Absorption

Les administrations par inhalation de salbutamol résultent en des concentrations plasmatiques beaucoup plus faibles que celles produites par prise orale (Walker et coll. 1972).

Chez l'humain, la prise orale de salbutamol est rapidement absorbée et distribuée dans les tissus. Si le pic plasmatique est obtenu 1 heure après la prise, on considère que l'activité maximale est obtenue 3 heures après la prise (passage de la barrière hémato-méningée) (Jonkman et coll. 1986 ; Maconochie et coll. 1983 ; Morgan et coll. 1986 ; Powell et coll. 1985 ; Sykes et coll. 1987).

Des variations individuelles ont été relevées concernant les pics de concentration plasmatique par administration orale chez l'homme : elles varient de 7.2 à 18.1µg/L après une dose de 4mg (Jonkman et coll. 1986 ; Maconochie et Fowler 1983 ; Morgan et coll. 1986 ; Powell et coll. 1985 ; Syches et coll. 1987).

La biodisponibilité du salbutamol est de 50% suite à une prise orale, ceci étant dû à un métabolisme présystémique étendu dans les parois de l'intestin (Morgan et coll. 1986).

Lors d'une administration chronique, le plateau thérapeutique est atteint après 3 jours d'administration orale à raison de 3 mg/jour (Powell et coll. 1986).

2. Fixation aux protéines

Le salbutamol est faiblement lié aux protéines plasmatiques (7-8 %) et l'importance de la fixation ne dépend pas de la dose administrée (Morgan et coll. 1986).

3. Distribution

Le volume de distribution du salbutamol est très important chez l'homme, de l'ordre de 156 litres ce qui témoigne d'une grande distribution dans l'organisme (Morgan et coll. 1986).

4. Métabolisme et élimination

Après inhalation d'une simple dose de salbutamol (40 à 100μg) chez des patients asthmatiques, 70% de la dose est excrétée dans les urines dont 30% sous forme inchangée (Morgan et coll.1986).

Suite à une administration par voie intraveineuse de salbutamol (10μg/min pendant 2 heures) environ 75% de la dose est récupérée dans les urines en 24 heures avec 65% sous forme inchangée (Morgan et coll.1986).

Lors d'une prise orale de salbutamol chez l'homme, les métabolites sont rapidement excrétés dans les urines et les fécès. Globalement, 75 à 80% de la dose administrée sont éliminés par les urines en 24 heures, dont la moitié sous forme inchangée et le reste sous forme sulfoconjuguée (Ahrens et Smith 1984 ; Evans et coll. 1973 ; Morgan et coll. 1986). Moins de 10% de la dose administrée est éliminée par voie fécale.

Les similitudes entre les excrétions après prises orale et inhalée de salbutamol suggèrent que la majorité de la dose inhalée est avalée.
Les différents modes d'excrétion lors d'administration orale et intraveineuse semblent être le résultat du métabolisme systémique de la muqueuse gastro-intestinale (Morgan et coll.1986).

La clairance plasmatique totale du salbutamol après administration orale ou intraveineuse (10μg/min pendant 2 heures) est de 28.8L/h, avec comme principale voie d'élimination les reins (Morgan et coll. 1986). En fait, la clairance rénale du salbutamol après administration par voie orale et intraveineuse a été montrée comme étant similaire (16.3 et 17.5L/h, respectivement) et significativement plus grande que la clairance de la créatinine (7.1L/h)

(Morgan et coll. 1986). Cela suggère que la sécrétion tubulaire joue un rôle majeur dans l'excrétion rénale du salbutamol (Morgan et coll. 1986). La clairance rénale du métabolite 4'-O-Sulfate est beaucoup moins importante (5.9L/h) que celle du salbutamol, ce qui pourrait être expliqué par une filtration glomérulaire libre sans sécrétion active pour ce métabolite (Morgan et coll. 1986).

Concernant une simple dose par inhalation de 84 à 200 μg, les études rapportent une demi-vie d'élimination de 3 à 4 heures (Lin et col. 1972).

Administré par voie intraveineuse la demi-vie est de 2 à 4 heures (Morgan et al. 1986 ; Soininen et coll. 1983). Chez des sujets sains, la demi-vie d'élimination du salbutamol après une simple dose orale de 4mg est de 2.7 à 5.5 heures (Jonkman et coll. 1986 ; Powell et coll. 1985) ; cependant, des sujets sains recevant une dose orale de salbutamol à raison de 4mg 4 fois/jour ont une demi-vie d'élimination augmentée, à savoir 6.5heures, s'expliquant par une saturation du processus de sécrétion.

III. Effets pharmacologiques à dose thérapeutique

Le salbutamol est un β_2 agoniste permettant d'observer chez l'homme des effets bronchodilatateurs, cardiovasculaires, myorelaxants et métaboliques.

1. Système respiratoire

1.1. Physiologie de la bronchodilatation

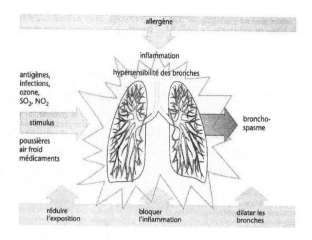

Figure 2 : Asthme bronchique (D'après atlas de Pharmacologie, Heinz Lüllmann, Klaus Mohr, Médecine-Sciences, Flammarion, 2003)

La dilatation des bronches due à une stimulation des récepteurs β_2 (par exemple par le fénotérol, le salbutamol, la terbutaline) est un mode de traitement très important dans l'asthme et la bronchite chronique. Dans ces indications, l'utilisation optimale des agonistes β_2 s'effectue par inhalation.

La maladie est essentiellement due à une inflammation d'origine allergique de la muqueuse bronchique (Figure 2). A l'inflammation est associée une hypersensibilité des bronches envers des stimuli spasmogènes. Si bien qu'à côté des antigènes, d'autres stimuli peuvent déclencher des crises d'asthme. Par exemple dans l'asthme d'effort, l'inspiration profonde de l'air froid environnant est un agent déclenchant important.

Les médicaments qui diminuent l'inflammation allergique ou atténuent l'hypersensibilité bronchique touchent au centre des évènements pathophysiologiques : glucocorticoïdes et agents stabilisants les mastocytes. Les bronchodilatateurs (β_2-sympathomimétiques et ipratroprium) agissent de façon symptomatique.

Les médicaments de choix pour le traitement d'une crise d'asthme sont donc les beta-2 mimétiques à courte durée d'action, utilisés en inhalation, comme le salbutamol et le fénotérol (figure 3). Leur action se manifeste quelques minutes après l'inhalation et dure 4 à 6 heures.

Si dans cette première étape, il est nécessaire d'utiliser les beta 2 mimétiques plus d'une fois par semaine, cela indique une aggravation de la maladie. On utilisera alors une substance anti-inflammatoire, essentiellement un glucocorticoïde sous forme aérosol.

Si l'administration d'un anti-inflammatoire ne suffit pas, on augmentera la dose du glucocorticoïde inhalé et on utilisera en plus un bronchodilatateur d'action longue : essentiellement un beta-2 mimétique d'action longue en inhalation (salmétérol, formotérol).

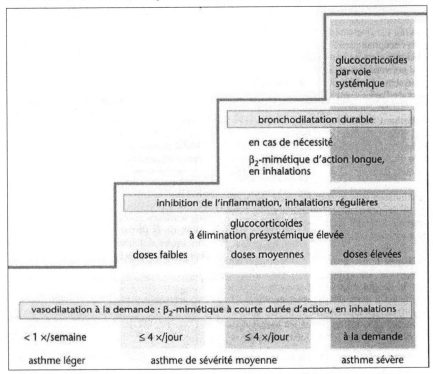

Figure 3 : Schéma du traitement de l'asthme par niveaux ; substances recommandées pour les adultes et les enfants au-dessus de cinq ans   (D'après atlas de Pharmacologie, Heinz Lüllmann, Klaus Mohr, Médecine-Sciences, Flammarion, 2003)

1.2. Salbutamol par inhalation

Le salbutamol est utilisé pour le traitement symptomatique de la crise d'asthme, pour le traitement symptomatique des exacerbations au cours de la maladie asthmatique ou de la bronchite chronique obstructive lorsqu'il existe une composante réversible ; il est utilisé également dans la prévention de l'asthme d'effort. Chez les asthmatiques, l'administration par inhalation est prépondérante (95% des sujets), la forme orale étant réservée pour les pathologies sévères.

1.2.1. Posologie

Pour les crises d'asthmes et les exacerbations, dès les premiers symptômes, il est recommandé d'inhaler 1 à 2 doses (100 µg). Cette dose est généralement suffisante. En cas de persistance des symptômes, elle peut être renouvelée quelques minutes plus tard.

1.2.2. Efficacité de la prise

Le salbutamol est disponible sous trois formulations : aérosol, poudre et nébulisation.
Latimer et coll. (1982), Anandajeva et Sivakumaran (1984) rapportent que les effets bronchodilatateurs par aérosol (200µg) et en poudre (200 à 400µg) étaient identiques.
Macnee et coll. (1982), Sorbini et coll. (1984) ont mis en évidence une dilatation des voies respiratoires suite à une administration inhalée de salbutamol de l'ordre de 200 à 400 mg.
De plus, l'administration par inhalation a l'avantage d'avoir peu d'effets secondaires qu'elle procure dans le traitement des maladies obstructives.

1.2.3. Pharmacodynamie

Il s'agit d'un bronchodilatateur β_2 mimétique à action rapide et de courte durée par voie inhalée.

Le salbutamol est un agoniste des récepteurs beta-adrenergiques présentant une action beaucoup plus sélective sur les récepteurs β_2. Après inhalation, le salbutamol exerce une action stimulante sur les récepteurs β_2 du muscle lisse bronchique, assurant ainsi une bronchodilatation rapide, significative en quelques minutes et persistante pendant 4 à 6 heures.

1.2.4. Mise en garde

Chez les patients asthmatiques adultes, l'association à un traitement anti-inflammatoire continu doit être envisagé dès qu'il est nécessaire de recourir plus d'une fois par semaine aux β_2 mimétiques par voie inhalée.

1.2.5. Surdosage

La répétition abusive des inhalations peut favoriser l'apparition des effets indésirables. L'emploi de ce médicament à des doses supérieures aux doses recommandées est le reflet d'une aggravation de l'affection respiratoire nécessitant une consultation rapide pour réévaluation thérapeutique.

1.2.6. Effets indésirables

Aux doses thérapeutiques nous n'observons que très rarement les effets suivants : tremblements des extrémités, crampes musculaires, palpitations, tachycardie et céphalées.

Comme avec d'autres produits inhalés, il est possible que survienne une toux mais rarement de bronchospasme paradoxal à la suite de l'inhalation.

1.3. Salbutamol par voie orale (2mg)

Le salbutamol par voie orale est utilisé principalement pour le traitement des asthmes sévères et pour le traitement des menaces d'accouchement prématuré.

1.3.1. Posologie

La posologie efficace habituelle est de 16 mg par jour, soit 2 comprimés 4 fois par jour. La forme comprimé à 2 mg permet d'ajuster éventuellement la posologie en cours de traitement en fonction de la réponse clinique, le rythme cardiaque maternel lors de la grossesse ne devant pas dépasser 120 ou 130 battements par minutes.

1.3.2. Efficacité de la prise orale

Chez 124 asthmatiques recevant 4 à 6 mg de salbutamol, une amélioration significative et rapide a été notée concernant le volume de force expiratoire. Cette amélioration a été maximale au bout de 2 heures et a continué pendant 8 heures avec une simple dose de 4 mg et pendant 10 heures pour une dose de 6 mg (Rosen et coll. 1986).

Une autre étude montre que chez des patients asthmatiques une dose orale de 8 mg deux fois par jour était plus efficace que 4 mg quatre fois par jour ; de plus, chez des patients atteints du symptôme d'asthme nocturne, une simple dose de 8 mg a été montrée comme améliorant significativement le matin PEF (Moore-Gillon 1988).

Les études concernant la prise orale de salbutamol pour une administration de l'ordre de 4mg montrent également une dilatation plus importante des voies bronchiques (Lowry et coll. 1987) comparée à une prise par inhalation.

1.3.3. Mise en garde

L'utilisation des β_2 mimétiques par voie générale n'est jamais anodine et peut même démasquer une pathologie cardiaque préexistante méconnue.

Avant la mise en route du traitement, l'administration par voie orale devra être envisagée avec prudence en cas d'hyperthyroïdie, d'affection cardio-vasculaire (cardiomyopathie obstructive, troubles coronariens, troubles du rythme, hypertension artérielle), de diabète sucré..

1.3.4. Surdosage

En cas de surdosage nous observons principalement une tachycardie, des modifications de la tension artérielle, des tremblements et des sueurs.

2. Système cardiovasculaire

Les β_2 mimétiques entraînent par le biais des récepteurs beta (via l'AMPc) : une augmentation de la force d'éjection (effet inotrope positif), une augmentation de la vitesse de raccourcissement et de la fréquence des battements (effet chronotrope positif), une propagation de la stimulation (effet dromotrope) ainsi qu'une excitabilité plus importante (effet bathmotrope).

2.1. Etudes sur des volontaires sains

Certaines études montrent une augmentation de la fréquence cardiaque et de la pression systolique d'environ 15% suite à 5 et 10 mg de salbutamol nébulisé et 42% suite à 600µg en intraveineuse (Corea et coll. 1984 ; Rolf Smith et coll. 1984).

2.2. Etudes sur des patients asthmatiques

Une simple dose de salbutamol administrée à raison de 1mg par inhalation entraîne une augmentation de la fréquence cardiaque de 23% (Küng et coll. 1987).

Winter et coll. (1984) montrent également une augmentation de la fréquence cardiaque de 28% suite à une prise orale de salbutamol de 4mg.

De plus, la fraction d'éjection ventriculaire droite et gauche augmente de 20% suite à une prise unique de 15mg de salbutamol.

3. Système nerveux central

Chez l'animal, l'administration de salbutamol a permis de monter qu'il existait une activité antidépressive (Cowen et coll. 1982 ; Erdo et coll. 1982 ; Martin et coll. 1986). Les études mettent également en avant ce même effet antidépresseur chez l'homme (Lecurbier et coll. 1980).

Erdo et coll. (1982) et Earley et Léonard (1983) soulignent une augmentation de l'activité sérotoninergique malgré une pertinence clinique qui reste encore aujourd'hui peu claire.

D'autres auteurs rapportent que le salbutamol induit un effet anorexigène chez le Rat à travers un mécanisme incluant les sites des β_2 adrénergiques dans le cerveau (Borsini et coll. 1985 ; Garattini et coll. 1984).

4. Effets utérins

4.1. Administration par inhalation

En clinique, il existe un recul important, avec un nombre suffisant de grossesses documentées, pour que l'on puisse conclure à l'innocuité du salbutamol pendant la grossesse.

En conséquence, le salbutamol par voie inhalée peut être administré en cas de grossesse.

Lors de l'administration pendant la grossesse : l'accélération du rythme cardiaque fœtal peut être observée parallèlement à la tachycardie maternelle. Il est exceptionnel de la voir persister à la naissance. De même, les valeurs de la glycémie post-natale ne sont qu'exceptionnellement perturbées.

4.2. Administration par voie orale

Le salbutamol est un β_2 mimétique aux propriétés utérorelaxantes.

Aux doses thérapeutiques usuelles, le salbutamol exerce une action stimulante sur les récepteurs β_2 des fibres lisses utérines. Il réduit l'amplitude, la fréquence et la durée des contractions utérines.

L'effet inhibiteur des β_2 mimétiques sur la contractilité utérine peut être utilisé pour calmer des contractions précoces (risques d'accouchement prématuré). Une vasodilatation médiée par une stimulation beta 2, associée à une chute de la pression artérielle conduit à une tachycardie réflexe, à laquelle participe également une action stimulante beta 1 de la substance.

La littérature montre que lors des accouchements prématurés, une administration de salbutamol (4 à 5mg 5 fois/jour pendant 6 semaines) chez la femme enceinte induit une diminution de la tonicité utérine et réduit les douleurs (Lalos et Joelson. 1981).

Les études effectuées chez l'animal n'ont pas mis en évidence d'effet tératogène ou foetotoxique du salbutamol.

En clinique, l'analyse d'un nombre élevé de grossesses exposées n'a apparemment révélé aucun effet malformatif ou foetotoxique du salbutamol. En conséquence, le salbutamol, dans les conditions normales d'utilisation, peut être prescrit si besoin pendant la grossesse.

En cas d'allaitement ou de désir d'allaitement, et compte tenu du passage des β_2 mimétiques dans le lait maternel, l'utilisation de ce médicament est à éviter, car elle expose le nouveau-né à une accélération du rythme cardiaque et à une hyperglycémie.

5. Effets métaboliques

Les effets du salbutamol sur le métabolisme basal ont fait l'objet de quelques études. Ces dernières s'intéressent particulièrement aux effets lipidiques et sur le métabolisme du glucose.

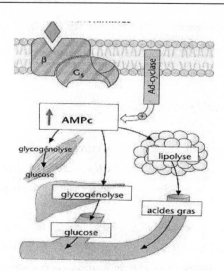

Figure 4 : Action métabolique des beta 2 mimétiques (D'après atlas de Pharmacologie, Heinz Lüllmann, Klaus Mohr, Médecine-Sciences, Flammarion, 2003)

La stimulation des récepteurs β_2 augmente, via l'AMPc, la dégradation du glycogène (glycogénolyse) en glucose dans le foie et les muscles squelettiques. Le glucose hépatique sera déversé dans le sang. Dans le tissu adipeux, les triglycérides seront dégradés en donnant des acides gras (lipolyse médiée par les récepteurs β_3), qui seront ensuite déversés dans le sang.

5.1. Effets lipidiques

Wager et coll. (1981) montrent qu'une simple dose de salbutamol de 4 mg entraîne chez la femme une augmentation de la lipolyse ; cette même étude a permis de mettre en évidence que des femmes ayant reçu 4mg 4 fois/jour de salbutamol pendant 12 à 33 jours avaient également une augmentation de la lipolyse mais moins marquée que pour une unique dose (4mg).Parallèlement, des études ont mis en évidence sur modèles animal des diminutions de concentration de leptine suite à des prises de beta2-mimétiques. (Li et coll. 1997, Halver et coll. 2003)

Chez des asthmatiques recevant du salbutamol par voie orale à 2mg 3 fois/jour pendant 3 mois, la densité plasmatique de HDL-cholestérol et la concentration des triglycérides restaient constantes durant la thérapie (Lethonen et al. 1982). Cependant 8mg 2 fois/jour pendant 2 semaines entraîne une augmentation de HDL-cholesterol de 6.9%. Ceci suggère que les dosages différents peuvent expliquer la divergence des résultats (Chazan et coll. 1985)

5.2. Effets du salbutamol sur le glucose et l'insuline

Les β récepteurs sont impliqués dans le phénomène de glycogénolyse et sur la libération d'insuline. Le salbutamol a été montré comme augmentant les concentrations plasmatiques de glucose et d'insuline chez des volontaires sains (Rolf Smith et Kendall 1984).

L'augmentation des concentrations sanguines de glucose et d'insuline a été observée chez des volontaires sains et diabétiques suite à une administration orale de salbutamol (Wager et coll. 1982). L'augmentation du glucose suggère que la substance stimule la glycogénolyse dans le foie et la sécrétion d'insuline indique que le salbutamol à un effet stimulateur direct sur les cellules du pancréas secrétant l'insuline (Wager et coll. 1982).

IV. Effets pharmacologiques à forte dose

1. Effets musculaires

Rappelons qu'un muscle est composé de deux types de fibres :
Les fibres à contraction lente ou de type I (ST pour «slow-twitch»). Leur métabolisme est surtout aérobie. Leur capacité à produire de l'ATP en aérobiose est étroitement reliée à leurs nombreuses et volumineuses mitochondries et aux fortes concentrations d'enzymes requises par le métabolisme aérobie.

Les fibres à contraction rapide ou de type II (FT pour «fast-twitch»). Ces fibres, dont on connaît deux sous types principaux, ont une grande capacité de production anaérobie d'ATP par la glycolyse.

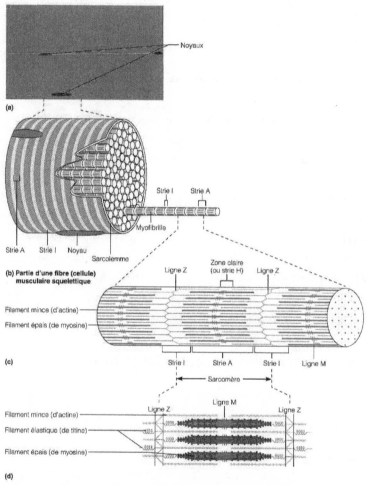

(a) photomicrographie de portions de 2 fibres musculaires isolées
(b) Schéma d'une partie d'une fibre musculaire montrant les myofibrilles
(c) Agrandissement d'une petite partie de myofibrille montrant les myofilaments qui forment les stries
(d) Agrandissement d'un sarcomère

Figure 5: Anatomie microscopique d'une fibre musculaire squelettique (D'après Anatomie et Physiologie humaines, Elaine N. Marieb, De Boeck Université, 1999)

La plupart des études s'intéressant aux effets pharmacologiques des β_2 mimétiques à forte dose ont été réalisées chez l'animal et avec du clenbutérol.

Des études réalisées chez le Rat après injection de clenbutérol ou de salbutamol, ont montré un effet anabolisant de la substance (Emery et coll. 1984 ; Maltin et coll. 1987 ; Cartana et coll. 1994) ; les auteurs notent une hypertrophie musculaire ainsi qu'une augmentation de la synthèse des protéines suite à des injections comprises entre 10 µg et 4 mg.kg^{-1} avec du clenbutérol ou 0,3 mg.kg^{-1} avec du salbutamol (Choo et coll. 1992)

D'autres études réalisées après administration orale de clenbutérol ont montré les mêmes effets ; à des doses administrées entre 0,6 mg et 1,5 mg les auteurs mettent également en évidence une hypertrophie musculaire, une augmentation de l'activité des enzymes glycolytiques et une diminution de l'activité des enzymes oxydatives, ainsi qu'une conversion des fibres musculaires de type I en fibres de type II (Maltin et coll. 1992 ; Ricart-Firinga et coll. 2000 ; Sharif et coll. 2005 ; Akutsu et coll. 2006).

Soic-Vranic et coll. (2005) s'intéressent aux effets d'un traitement de salbutamol sur la distribution des fibres sur le muscle soléaire du Rat. L'administration de salbutamol pendant 14 jours a permis d'observer une augmentation de la surface des fibres de type I et II . Ces changements ont été observés après seulement 3 jours d'administration de salbutamol. Cependant, au bout du 14ème jour, l'augmentation de la surface des fibres de type I était seulement de 3% comparée à celle des fibres de type II qui était de 8%. Maltin et coll. (1986) et Zeman et coll. (1988) obtiennent les mêmes résultats sur le soléaire après administration de clenbutérol (2 mg.kg^{-1} donné dans l'alimentation et 1.3 mg.kg^{-1} dans la boisson, respectivement) au bout de 7 jours. Cependant, après la troisième et la douzième semaine d'expérimentation, une augmentation significative de la surface des fibres a été observée seulement pour les fibres de type II et non pour les fibres de type I. Ce fait est en accord avec l'idée que les fibres rapides ont une plus grande plasticité aux facteurs externes qui régulent la croissance musculaire (Maltin et coll.1986).

Maltin et coll. (1992) montrent que le nombre de récepteurs β_2 activés augmentent, ce qui déclenche le processus d'augmentation de synthèses des protéines. Comme le soléaire est un muscle oxydatif, les études émettent l'hypothèse que le salbutamol a un effet spécifique en terme d'hypertrophie, c'est-à-dire, qu'il stopperait le processus d'atrophie des fibres musculaires pendant la période de dénervation. Ces changements sous l'influence du salbutamol entraînent à penser selon Maltin et coll. (1987) à une réponse classique des cellules aux facteurs de croissance, avec comme agent anabolique le salbutamol.

Certaines études se sont penchées sur l'effet des beta 2 agonistes, en particulier, sur les propriétés contractiles et biochimiques du muscle squelettique : Dodd et coll. (1996) ont mis en évidence chez le Rat les effets du clenbutérol sur la masse musculaire avec une administration de 2 mg.kg^{-1} pendant 14 jours ; il en résulte une augmentation de la masse musculaire sans modification des chaînes lourdes et légères de myosine.

Moore et coll. (1994) comparent le potentiel du clenbutérol et du salmétérol chez des femelles rates à travers différents modes d'administration. Donné oralement pendant 10 jours à raison de 120 µg par jour, le salmétérol n'a pas d'effet sur le muscle alors que 2,4 mg de salmétérol ou 97 µg de clenbutérol par jour entraîne une augmentation significative de la masse musculaire, mais aucune amélioration des fibres lentes n'a été enregistrée sur les muscles soleus.

Par perfusion, le salmétérol (130 µg/jour) et le clenbutérol (100 µg/jour) ont entraîné une augmentation du poids corporel et des fibres rapides. L'auteur met donc en évidence que ces résultats indiquent que le potentiel du salmétérol *in vivo* est dépendant de la voie d'administration et que les fibres lentes sont moins sensibles que les fibres rapides aux effets anaboliques des β_2 mimétiques.

La prise de β_2 agonistes à hautes doses entraîne une hypertrophie musculaire qui semble liée à une implication des cellules satellites et à un accroissement de la différentiation. En préalable à cette hypertrophie, il semble que les fibres musculaires doivent opérer une modification de l'expression des chaînes lourdes de myosine. Tout se passe comme si les muscles à dominante «fibres lentes» semblaient être transformés en muscles à «fibres rapides» avant que l'hypertrophie puisse véritablement intervenir.

Les β_2 mimétiques, en particulier le clenbutérol, est un β_2 agoniste capable non seulement d'entraîner une hypertrophie mais également une conversion vers un phénotype rapide des muscles squelettiques. Les mécanismes cellulaires impliqués dans ces modifications sont pourtant mal connus bien que plusieurs voies de signalisation aient été mises en évidence dont celle de l'IGF1, de la calcineurine/NFAT et plus récemment celle de la myostatine (Carnac et coll. 2006). De nouvelles études sont nécessaires pour parvenir à un consensus quant à l'identification des voies signalétiques menant à l'hypertrophie et la conversion phénotypique squelettique.

2. Effets osseux

Rappelons que l'os est formé d'os cortical (diaphyse) et d'os trabéculaire (métaphyse).

L'os est constitué d'une matrice extracellulaire synthétisée par les ostéoblastes et résorbée par les ostéoclastes. Les cellules osseuses ostéoclastes et ostéoblastes sont responsables respectivement de la dégradation et de la synthèse de la matrice.

La matrice osseuse, afin de conserver ses propriétés biomécaniques, doit être renouvelée.

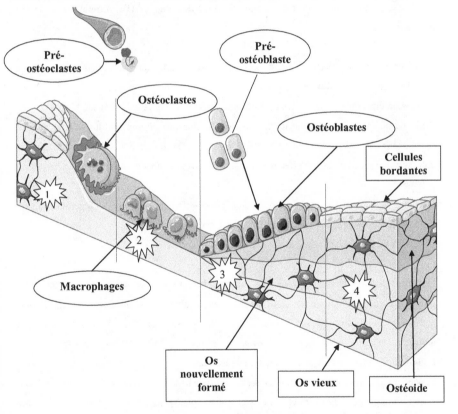

(1 : résorption, 2 : inversion, 3 : formation, 4 : quiescence ; Servier Medical Art)

Figure 6 : Cycle de remodelage osseux

Etant donné l'utilisation importante en clinique des β_2 mimétiques, certaines études se sont intéressées aux répercussions de ces substances sur le métabolisme osseux.

La plupart des études portent sur les effets du clenbuterol, et l'influence des β_2 sur le squelette est controversée.

Caruso et coll. (2004) étudient les effets du salbutamol sur le métabolisme osseux chez l'homme lors d'un exercice de résistance. Ces auteurs montrent qu'un exercice de 40 jours sur une jambe en suspension et après administration de 16mg de salbutamol, permettait de limiter la baisse du contenu minéral osseux.

Togari et coll. (1997) rapportent que des beta récepteurs sont localisés dans les ostéoblastes. *In vivo*, chez le Rat, le clenbuterol réduit nettement la perte osseuse sur les membres inférieurs en suspension ou dénervés suite à une administration de 2 mg.kg^{-1} (Bloomfield et coll. 1997 ; Zeman et coll. 1991).

A l'inverse, Kitaura (2002) montre qu'après administration de 2 mg.kg^{-1}, le clenbuterol inhibe la croissance de l'os et diminue le contenu minéral osseux chez le rat sain.

In vitro, le clenbuterol stimule les ostéoclastes (Taheuci et coll.2000). Cavalié (2002) met en évidence qu'une administration de clenbuterol entraîne une diminution du contenu minéral osseux (BMC) et de la densité minérale osseuse (DMO) fémorale aussi bien chez des rats entraînés que sédentaires, cet effet étant dû probablement à une augmentation de la résorption osseuse.

Bonnet et coll. (2005) mettent également en avant des effets négatifs du clenbuterol (2 mg.kg^{-1}/jour pendant 6 semaines) et du salbutamol (4 mg.kg^{-1}/jour pendant 6 semaines) sur les propriétés mécaniques et micro architecturales de l'os trabéculaire.

Les effets négatifs du clenbutérol sur la microarchitecture osseuse de l'os trabéculaire et des propriétés biomécaniques extra-séque du fémur et du tibia ont été observées. L'effet le plus marqué se situe au niveau de l'épaisseur et de la porosité corticale chez les animaux non déficients en œstrogènes chez des rates gonadectomisées, l'effet délétère du salbutamol ne s'additionne pas à l'effet d'une déficience en œstrogènes.

Cependant, aucune étude ne s'est intéressée aux effets bénéfiques ou délétères induits par une prise chronique de salbutamol chez des sujets sains, pratiquant ou non une activité physique régulière.

V. Intérêt du salbutamol à l'exercice : législation antidopage

En raison de l'importance de la consommation de salbutamol dans le monde sédentaire et sportif, il paraît fondamental de s'intéresser aux effets ergogéniques du salbutamol à l'exercice.

Les effets anabolisants des β_2 mimétiques mis en évidence chez l'animal ont directement entraîné chez l'homme son utilisation en vue d'améliorer la performance sportive et, parallèlement d'ailleurs, son inclusion à la liste des substances dopantes par l'AMA (Agence Mondiale Anti-dopage), ceci essentiellement en raison de son action stimulante au niveau du système musculaire.

A titre d'exception, le formotérol, le salbutamol, le salmétérol et la terbutaline, lorsque utilisés par inhalation, sont autorisés à des fins thérapeutique (AUT) abrégée.
Cette autorisation d'usage à des fins thérapeutiques a pour but de garantir l'harmonisation dans tous les sports et dans tous les pays des procédures suivies pour accorder une autorisation d'utilisation de substances à des fins thérapeutiques.
En vertu du Code Mondial Antidopage, l'AMA a publié un Standard international pour les AUT. Le standard stipule que toutes les fédérations internationales et les organisations nationales antidopage doivent disposer d'une procédure suivant laquelle les sportifs présentant un dossier médical peuvent faire une demande d'AUT et obtenir que leur demande soit examinée de façon appropriée par un panel de médecins indépendants nommé Comité pour l'autorisation d'usage à des fins thérapeutiques (CAUT).

Quelle que soit la forme de l'autorisation d'usage à des fins thérapeutiques accordée, une concentration urinaire de salbutamol supérieure à 1000ng/mL sera considérée comme un résultat d'analyse anormal, à moins que le sportif ne prouve que ce résultat anormal est consécutif à l'usage thérapeutique toléré de salbutamol par voie inhalée. Il n'y a pas de seuil pour les trois autres β_2 mimétiques. (formotérol, terbutaline et salmétérol) .

Cependant il est possible que ce seuil fixé pour le salbutamol soit modifié dans les années à venir ; en effet, une étude récente s'est intéressée aux concentrations sanguines et urinaires de plusieurs β_2 agonistes.

Il est à noter en effet que Pichon et coll. (2006) ont étudié les concentrations urinaires et sanguines des différents β_2 mimétiques et ont comparé les différentes routes d'administration. Dix sujets sains ont reçu 4 traitements, à savoir : une administration de salbutamol par inhalation pendant 3 jours (2 fois 100 µg), une administration de formotérol pendant 3 jours (2 fois 12 µg), une injection de salbutamol (0,5 mg) et une administration orale de salbutamol de 2 fois 2 mg pendant 3 jours. Des prélèvements sanguins ont été réalisés durant les 3 jours à 30 minutes, 1 heure, 2 heures, 4 heures et 6 heures après administration. Les urines ont également été analysées à 2 heures, 4 heures, 6 heures et 12 heures après administration.

Les concentrations urinaires ont été de 20 à 50 fois plus élevées après administration orale de salbutamol que par inhalation.

La moyenne des concentrations urinaires de salbutamol après son administration orale est montée à 800 ng/mL au bout de 2 heures et jusqu'à 1000 ng/mL au bout de 6 et 12 heures.

Après injection de salbutamol, ses concentrations urinaires ont été maximale pendant les deux premières heures (moyenne : 340 ± 172 ng/mL).

Ainsi l'auteur met en avant que le seuil d'autorisation par le comité international pourrait être fixé à 250 ng/mL$^)$ au lieu de 1000 ng/mL. Une étude actuellement en cours s'intéressant particulièrement à la cinétique des β_2 mimétiques à l'exercice pourrait être l'objet d'une éventuelle modification des seuils de concentrations urinaires et sanguines.

1. Aptitude physique aérobie

1.1. Administration par inhalation de salbutamol chez l'animal

1.1.1. Prise chronique

Une seule étude s'est intéressée à l'effet d'une prise chronique de salbutamol par inhalation. Bailey et coll. (1999) ont testé l'influence d'une prise de salbutamol sur la performance chez 6 chevaux.

Les chevaux étaient séparés en deux groupes : le premier groupe ayant reçu un placebo et le deuxième groupe, du salbutamol avec administration de 900 µg/jour. Les deux groupes ont été soumis aux 2 traitements d'une durée de 3 semaines avec une période de wash out de 3 semaines entre les deux traitements.

Les chevaux ont réalisé un exercice incrémental avec inspiration de 900 µg de salbutamol 5 minutes avant l'exercice.

La consommation d'oxygène (VO_2 max) les électrolytes (Na^+, K^+, $iCa2$, Cl^-), la fréquence cardiaque, la production de CO_2, les lactates et l'albumine ont été mesurés. Des différences significatives ont été mises en évidence entre le placebo et le salbutamol concernant le temps de course ainsi que la VO_2 max. Les résultats de cette étude permettant ainsi d'observer une amélioration des performances lors de cet exercice.

1.2. Administration orale chez l'animal

1.2.1. Prise chronique

Chez l'animal, les effets ergogéniques des beta 2 mimétiques ont été étudiés principalement chez le Rat et avec administration de clenbutérol.

De nombreuses études ont montré chez l'animal que l'utilisation des beta 2 mimétiques entraînait des effets délétères sur la structure et la fonction cardiaque. Duncan et coll. (2000)

ont essayé de déterminer si l'administration chronique (2 mg.kg^{-1}/jour) de clenbutérol pouvait réduire les capacités à réaliser un exercice chez le Rat. Duncan s'est intéressé à une épreuve de natation (2 heures par jour pendant 7 jours et ce, pendant 18 semaines); les résultats permettent d'observer une réduction des performances avec hypertrophie cardiaque.

1.3. Administration par inhalation de salbutamol chez l'homme

1.3.1. Prise aiguë de salbutamol

Toutes les études actuelles testant l'intérêt d'une prise de salbutamol sur la performance par inhalation à dose thérapeutique ont donné les mêmes résultats à l'exception de deux études (Bedi et coll. 1988; Van Baak et coll. 2004).

Fleck et coll. (1993) ont testé l'effet d'une prise aiguë de salbutamol (versus placebo) à raison de 360 μg chez 21 cyclistes compétiteurs. Le salbutamol a été administré par inhalation à raison de 4 doses de 90 μg, 15 minutes avant l'exercice sur cycloergomètre. La fréquence cardiaque, les lactates sanguins et la VO$_2$ ont été déterminés lors d'un travail submaximal à 150, 200, 225, 250, 275, et 300 watts jusqu'à la fin de l'exercice. Les tests sur la fonction pulmonaire ont permis de déterminer la capacité vitale, le volume de force expiratoire 10 minutes avant inhalation, puis, 5, 10 et 15 minutes après la fin du protocole d'exercice. La fréquence cardiaque a été significativement augmentée pendant l'épreuve sous salbutamol versus placebo à 200 watts (150,8 ± 2,5 versus 146,7 ± 2,8 battements par minutes), 225 (159,7 ± 2,4 versus 154,6 ± 2,7), et 250 watts (166,9 ± 2,4 versus 164,4 ± 2,6).

Les concentrations de lactate sanguins ont également été significativement plus élevées durant l'épreuve sous salbutamol comparé au traitement placebo à 275 watts (4,7 ± 0,3 versus 4,2 ± 0,4 mmol.1^{-1}) .Aucune autre différence significative n'a été trouvée entre les deux traitements. Cette étude montre donc qu'une administration aiguë de salbutamol par inhalation n'a pas d'effets positifs sur les performances aérobies et sur les fonctions pulmonaires chez des athlètes non asthmatiques.

McKenzie et coll. (1983) ont étudié les effets du salbutamol à dose thérapeutique (200 μg) dans une étude en double aveugle chez 19 athlètes compétents en endurance (10 femmes et 9 hommes). Les auteurs se sont penchés sur la performance, l'étude des fonctions pulmonaires, la consommation maximale d'oxygène (VO$_2$ max) et la fréquence cardiaque. Les deux traitements (placebo et salbutamol) ont été administrés à raison de 2 doses 4 fois par jour. Aucun changement n'a été obtenu concernant les variables pulmonaires suite à l'administration de salbutamol. La consommation maximale d'oxygène a montré une faible diminution mais non significative lors des deux traitements. La fréquence cardiaque a été inchangée. Ces résultats vont dans le sens de l'étude précédente et indiquent que l'administration thérapeutique de salbutamol n'a pas d'effets sur les fonctions pulmonaires et ne modifie pas les performances.

Parallèlement, Meuwisse et coll. (1992) étudient les effets du salbutamol sur la performance chez 7 sujets entraînés non asthmatiques dont la VO$_2$ max est supérieure à 60 ml.kg^{-1}.min^{-1}.

L'étude a été réalisée en double aveugle et par randomisation. Le salbutamol ou le placebo ont été administrés à raison de 200 µg (2 doses). L'épreuve réalisée sur cycloergomètre a permis de mesurer la consommation maximale d'oxygène (VO$_2$ max), la fréquence cardiaque maximale et les fonctions pulmonaires. Une épreuve de 45 minutes à 70% de VO$_2$ max a été réalisée. Les auteurs concluent que l'administration de salbutamol à raison de 200 µg n'a pas d'effets sur les performances sous les deux traitements.

Norris et coll. (1996) ont étudié les effets du salbutamol sur la performance chez 15 cyclistes entraînés non asthmatiques. Cette étude en double aveugle, randomisée et par cross-over a été réalisée à la fois sous salbutamol et sous placebo ; la drogue étant inhalée 20 minutes avant chaque session. Le salbutamol a été administré à raison de 400 µg (4 doses). Les sujets ont réalisés 4 tests (VO$_2$ max, exercice submaximal à 90%, 60'' Wingate et 20 Km de course) sous salbutamol et placebo et dans les mêmes conditions ; les deux traitements ont été séparés par une période de wash out de deux semaines. Cette étude ne montre aucune modification des performances sous les deux traitements ; ces résultats permettent donc de mettre en évidence qu'une administration de 400 µg de salbutamol ne modifie en aucun cas les performances d'aptitude physique aérobie.

Sandsund et coll. (1997) ont testé l'efficacité du salbutamol à l'exercice lors d'une exposition au froid (-15°) et à température ambiante (23°). L'étude a été réalisé chez 8 skieurs non asthmatiques dont la VO$_2$ max était supérieure à 70 ml.kg^{-1}.min^{-1}. L'exercice a consisté à réaliser un exercice submaximal et maximal sur tapis roulant dans une chambre climatique et le salbutamol a été administré 10 minutes avant l'exercice (0,4 mg 3 fois).

La VO_2, la fréquence cardiaque, les concentrations sanguines de lactates et le temps d'épuisement ont été mesurés ; les fonctions pulmonaires ont été enregistrées juste avant la période d'échauffement et à la fin du protocole d'exercice. Les résultats montrent que la VO_2 et les concentrations sanguines de lactate ont été significativement plus élevées à – 15° qu'à 23°. Par ailleurs, le temps d'épuisement a été significativement plus court dans l'environnement froid. Cependant aucune amélioration de la VO_2 max et de la fréquence cardiaque n'ont été enregistrées ; cela suggère que le stress de l'exercice est plus important dans un environnement froid et permet d'affirmer que les capacités aérobies ne sont pas altérées par l'exposition au froid et par conséquent, par une éventuelle demande métabolique plus importante. Ces résultats démontrent qu'il n'y a pas d'effet ergogénique du salbutamol sur la performance.

Carlsen et coll. (1997) s'intéressent aux effets du salbutamol chez 18 sujets entraînés lors d'une étude randomisée et en double aveugle et rejoignent les études précédentes. Les auteurs ne montrent aucune amélioration des performances, seul un temps de course significativement réduit.

Une autre étude s'est penchée sur l'effet d'une prise de salbutamol par inhalation sur la performance et chez des athlètes non asthmatiques (Goubault et coll. 2001). Cette étude en double aveugle et randomisée a permis de mettre en évidence les effets de 200 µg et 800 µg de salbutamol inhalé versus placebo chez 12 triathlètes. Les sessions ont été comparées sur trois sessions identiques sur cycloergomètre à 85% de la VO_2 max. Les fonctions pulmonaires, le temps de course, les paramètres métaboliques (glucose, potassium, lactate, acides gras et glycérol) et les performances psychomotrices ont été évaluées ; aucune différence n'a été enregistrée quant aux performance ; seule une bronchodilatation a été significativement différente entre les deux traitements ; de plus, les paramètres métaboliques ont été affectés par l'exercice et non par le traitement. Cette étude permet de conclure qu'une administration à haute dose de salbutamol n'a pas d'effet significatif sur les performances endurantes chez des athlètes non asthmatiques, bien qu'un effet bronchodilatateur de la drogue en début d'exercice pourrait améliorer l'adaptation respiratoire.

Enfin, Bedi et coll. (1988) sont les seuls auteurs à mettre en évidence une amélioration de la performance suite à une administration par inhalation aiguë. Les auteurs ont choisi un groupe expérimental constitué de 15 sujets asymptomatiques, qui ont été soumis à un protocole d'effort comprenant un exercice continu visant à simuler une situation de compétition suivie par un effort maximal avec ou sans inhalation de salbutamol. Les paramètres métaboliques étaient enregistrés à quatre reprises à chaque jour d'évaluation. Des tests de la fonction pulmonaire ont été effectués avant et après l'utilisation d'un bronchodilatateur ou d'un placebo ainsi qu'à la suite du protocole d'exercice. Une augmentation significative du débit expiratoire forcé a été observée à la suite de l'inhalation de salbutamol. Bien que non significative, une légère diminution de la VO_2 et de la VE (pic de ventilation) ont été observées au cours de l'exercice sous maximal prolongé suite à l'inhalation de salbutamol ainsi qu'une augmentation de la VO_2 max et de la VE max. Une augmentation de la durée de l'effort (196 versus 159 s ; p< 0,05) a aussi été observée. Ces données suggèrent que l'utilisation de salbutamol puisse constituer un avantage pour les sujets sains non asthmatiques.

Enfin, Van Baak et coll. (2004) se sont intéressés récemment aux effets d'une dose supra-thérapeutique de salbutamol par inhalation chez 16 cyclistes non asthmatiques. L'étude est réalisée en double aveugle et par randomisation et le salbutamol est administré à raison de 800 μg 30 minutes avant exercice sur cycloergomètre.

Le pic expiratoire (PEF), la capacité vitale (FVC) et le volume de force expiratoire en 1 seconde ont été mesurés avant et après exercice ainsi que des prélèvements sanguins. Le temps de course était de 4010,2 ± 327,7 s après inhalation du traitement placebo contre 3927,6 ± 231,3 s après traitement de salbutamol. Bien que l'administration inhalée de salbutamol augmente les acides gras libres, le glycérol et les concentrations de lactate et qu'elle diminue les concentrations plasmatiques de potassium au repos, il n'y a aucune différence significative entre les deux traitements concernant ces variables durant l'exercice. PEF et FEV [(1)] ont été augmentés après inhalation de salbutamol au repos comparé au traitement placebo, mais la différence entre le placebo et le salbutamol après exercice n'a pas été significative. Cette administration supra-thérapeutique de 800 μg de salbutamol a amélioré les performances endurantes de 1,9 ±1,8% chez ces athlètes non asthmatiques, ce qui indique que cette route d'administration n'exclue pas la possibilité d'effets ergogéniques des β2 mimétiques lors d'une administration d'une dose importante qui explique un passage systémique important. L'augmentation des performances n'a pas été expliquée par les modifications des concentrations plasmatiques d'acides gras libres, du glycérol, du lactate et du potassium durant l'exercice et par les paramètres ventilatoires au repos et après exercice.

Par conséquent, les mécanismes sur l'augmentation de la performance restent à déterminer.

1.3.2. Prise aiguë d'autres beta 2 mimétiques

Les effets ergogéniques de différents autres β_2 mimétiques ont également été étudiés sur la performance et les résultats sont en accord avec les études précédentes.

En effet, Carlsen et coll. (2001) ont eu comme objectif principal de tester lors d'une étude en double aveugle et randomisée l'éventuelle amélioration des performances aérobies lors d'une prise de formotérol par administration inhalée chez 24 sujets compétiteurs âgés de 21 à 29 ans. Les fonctions pulmonaires ont été mesurées avant, 15 minutes après l'inhalation et après l'épreuve. Le premier jour, la consommation maximale d'oxygène (VO_2 max), le pic de ventilation (VE) et le temps de course ont été mesurés et ont permis de déterminer la charge pour les jours 2 et 3. Le deuxième et troisième jour, les sujets ont reçu la drogue, au repos une heure avant l'exercice ; puis la VO_2 max le VE et le temps de course ont été déterminés. L'administration de formotérol n'a pas amélioré les paramètres concernant les performances aérobies. Les fonctions pulmonaires ont augmenté de façon significative pour les deux traitements (formotérol versus placebo) mais sans différences entre ces derniers. Le formotérol n'améliore donc pas les performances aérobies.

Larsson et coll. (1997) ont étudié si l'administration par inhalation de terbutaline augmentait la performance physique à basse température (10°) chez 20 sujets sains et sportifs.

Après administration de 3 mg de terbutaline avant exercice, les sujets ont réalisé sur tapis roulant un travail submaximal . La fonction pulmonaire, la ventilation, la VO_2 max et la fréquence cardiaque ont été déterminées et les concentrations de lactate et de potassium ont été analysées avant, pendant et après exercice. Seule une augmentation de la bronchodilatation a été enregistrée. Les résultats de cette étude ne montrent aucune amélioration des performances à basse température ; seule, l'hypokaliémie post-exercice a été amplifiée. Les auteurs concluent donc qu'une prise aiguë de terbutaline administrée par inhalation amplifie l'hypokaliémie post exercice mais dont les mécanismes restent à déterminer. Bien qu'il y ait une bronchodilatation, cette substance n'améliore pas la performance physique chez ces athlètes.

1.4.   Administration orale chez l'homme

Très peu d'auteurs se sont intéressés à l'administration orale de salbutamol chez l'homme. Les études réalisées vont dans le sens d'une amélioration de la performance sportive.

1.4.1.   Prise aiguë de salbutamol

Van Baak et coll. (1999) étudient lors d'une étude en double aveugle et par randomisation les effets d'une prise aiguë de salbutamol par administration orale chez 16 sujets non asthmatiques. Lors d'une épreuve à 70% de VO_2 max, le salbutamol , administré à raison de 4 mg 1h 30 avant exercice, entraîne une augmentation de la force musculaire (4 à 5%) sur les muscles fléchisseurs et extenseurs du genou.

L'auteur montre une augmentation de la moyenne des performances (19%) mais qui reste non significative. L'auteur conclut que l'indisponibilité de 4 sujets à influencé le protocole et que, par conséquent, avec la totalité des sujets, on aurait observé une augmentation significative des performances. Van Baak relate ainsi que la prise orale de salbutamol apparaît comme une aide ergogénique chez des individus non asthmatiques.

1.4.2.   Prise chronique

Collomp et coll. (2000) ont examiné si l'administration orale et chronique (12 mg/jour pendant 3 semaines) de salbutamol modifiait l'exécution et les variables hormonales pendant l'exercice submaximal (80 % VO_2 max) chez 8 sujets peu entraînés.

Chaque sujet a réalisé 2 essais à 80% de VO_2 max jusqu'à épuisement après avoir reçu soit des gélules de placebo, soit du salbutamol lors d'une étude en double aveugle et randomisée.

Des prélèvements sanguins ont été réalisés au repos, après 5,10, et 15 minutes d'exercice et à la fin de l'épreuve afin de procéder au dosage de l'hormone de croissance (GH), du cortisol, de la testostérone, de la triiodothyronine (T_3), des acides gras libres, du glucose sanguin et du lactate. Le temps de course a été significativement augmenté après le traitement chronique de salbutamol (Sal : 30,5 ± 3,1 versus Pla : 23,7 ± 1,6 min.).

Les résultats permettent d'observer une amélioration de l'exécution pendant l'exercice avec une augmentation concomitante de la disponibilité et de l'utilisation des substrats sous les deux traitements. Ces résultats indiquent que le salbutamol améliore les performances lors d'un exercice submaximal, mais les mécanismes doivent être élucidés.

2. Aptitude physique anaérobie

2.1. Administration orale d'autres β 2 mimétiques chez l'animal

2.1.1. Prise chronique

Comme nous l'avons vu dans une étude précédente lors d'exercice aérobie, Duncan et coll. (2000) en complément de leur étude sur l'exercice aérobie, se sont intéressés également à l'effet du clenbutérol chez l'animal lors d'exercice anaérobie ; en effet, les rats soumis à 2 mg.kg^{-1}/jour de clenbutérol ont réalisé 8 courses d'une minute pendant 20 semaines. Les auteurs mettent en évidence, tout comme dans l'exercice aérobie, un effet délétère du clenbutérol sur la performance sportive dû principalement à une altération de la fonction et de la structure du muscle cardiaque.

Enfin, Ingalls et coll. (1996) déterminent chez la Souris les effets combinés et séparés du clenbutérol et l'entraînement par intervalle sur les performances en course (3 courses de 3 minutes avec récupération de 30 secondes). A raison de 1,6 mg.kg^{-1} de clenbutérol administré pendant 8 semaines les résultats montrent une diminution du travail total et par conséquent une diminution des performances.

2.2.   Administration par inhalation de salbutamol chez l'homme

2.2.1.   *Prise aiguë de salbutamol*

Actuellement, la plupart des études ayant testé l'impact du salbutamol au cours d'un exercice anaérobie, c'est-à-dire d'intensité plus importante, faisant essentiellement appel au glycogène intracellulaire, ont été réalisées après inhalation.

Cependant, dans une étude, un exercice à prédominance anaérobie a été effectué à la suite d'un exercice aérobie, ceci afin d'estimer l'économie de glycogène réalisée sous salbutamol du premier exercice.

Ainsi, Meuwisse et coll. (1992) soumettent 7 sujets entraînés et non asthmatiques, après 45 minutes de course à 70% de VO_2 max à un Wingate de 30 secondes. Lors du Wingate, le travail total et le pic de puissance ont été mesurés. La prise de salbutamol ne modifie pas les performances sportives.

Signorile et coll. (1992) notent une augmentation du pic de puissance après inhalation de 360 µg de salbutamol au cours d'exercices supramaximaux type Wingate (4 fois 15 secondes d'exercice supramaximal séparés par 5 minutes de récupération passive), chez des sujets sains ; cette amélioration de la performance pouvait éventuellement être liée à une augmentation de la libération de calcium du réticulum sarcoplasmique.

Lemmer et coll. (1995) obtiennent des résultats contradictoires sur des Wingate de 30 secondes après inhalation de la même dose chez des cyclistes entraînés.

Vingt minutes avant l'épreuve des 30 secondes sur cycloergomètre, le salbutamol 90 µg par dose) ou le placebo a été administré par inhalation à raison de 4 doses. Les fonctions pulmonaires ont été analysées au repos, 20 minutes après inhalation puis 5, 10 et 15 minutes après exercice. Après un échauffement standard, le test de Wingate a été réalisé contre une charge de 100g (kg body mass)$^{-1}$

Les résultats ne montrent aucune différence entre les deux traitements pour les mesures de la puissance anaérobie : pic de puissance (1.136,7 ± 40,9 versus 1.124,8 ± 39,8 W), temps pour arriver à la puissance maximale (4,5 ± 0,2 versus 4,8 ± 0,5 s) et index de fatigue (16,5 ± 1,8 versus $16,6 \pm 1,8$ W.s^{-1}). Ces résultats montrent que les performances anaérobies ne sont pas affectées par 360 µg de salbutamol en prise aiguë.

Heir et coll. (1995) lors d'une étude en double aveugle et randomisée, se sont intéressés aux effets d'une prise aiguë de salbutamol (0.05 mg.kg^{-1}) chez 17 athlètes de haut niveau dont la VO$_2$ max était supérieure à 70 ml.kg^{-1}.min^{-1}.

L'exercice a constitué à courir sur tapis roulant incliné à 6° et à 110% de VO$_2$ max.

Les variables mesurées ont inclus le temps de course, la consommation d'oxygène, la fréquence cardiaque et la saturation d'O$_2$. Les résultats obtenus ne mettent en évidence aucune différence significative des performances suite à une telle prise de salbutamol.

2.2.2.   Prise aiguë d'autres beta 2 mimétiques

Sharon et coll. (1996) déterminent si le salmétérol améliore les performances anaérobies chez 11 cyclistes sur piste non asthmatiques. Les sujets ont réalisé une épreuve de Wingate de 30 secondes, 3 heures après avoir reçu 42 µg de salmétérol ou du placebo. Durant l'épreuve, le pic de puissance, le travail total, le temps pour parvenir au pic de puissance et l'index de fatigue ont été mesurés. Les mesures pulmonaires ont également été mesurées avant et après inhalation et à la fin du test. Les résultats ne montrent aucune différence significative entre les deux traitements concernant les performances et les variables pulmonaires. Le salmétérol n'apparaît donc pas avoir d'effets ergogéniques chez des athlètes non asthmatiques.

Morton et coll. (1996) ont étudié chez 16 sujets sportifs les effets du salmétérol suite à une administration de 50 µg sur les capacités physiques et les fonctions pulmonaires; les épreuves ont consisté à réaliser 10 secondes de sprint suivi de 3 minutes de repos, puis, 30 secondes de sprint ; après 10 minutes de récupération les sujets ont réalisé par le biais d'un dynamomètre un exercice de flexion-extension. Les résultats de l'étude ne montrent aucun effet ergogénique du salmétérol.

Enfin, McDowell et coll. (1997) s'intéressent à la même substance chez 11 cyclistes de haut niveau non asthmatiques ; chaque sujet a été soumis à une épreuve de Wingate et chacun d'entre eux avait reçu 3 heures avant le début de l'exercice 42 µg de salmétérol. Durant l'exercice, le pic de puissance, la puissance moyenne, le temps de puissance maximale et l'index de fatigue ont été mesurés. Suite à cette prise aiguë de salmétérol, les auteurs concluent que la substance ne modifie pas les performances anaérobies chez des sujets entraînés.

Ian et coll. (2001) réalisent à travers leur étude et chez 10 athlètes un exercice à prédominance anaérobie de type Wingate suivi, après 15 minutes de récupération, d'une VO_2 max. Après administration de 12 µg de formotérol avant exercice, les auteurs ne montrent aucun effet ergogénique du formotérol à dose thérapeutique sur les performances anaérobies.

2.3. Administration orale chez l'homme

Au niveau des prises orales, seules deux études publiées par Martineau et coll. (1992) et par Caruso et coll. (1994) ont étudié chez les humains les répercussions liées à la prise chronique (3 semaines) d'une forme retard de salbutamol sur la force volontaire maximale (quadriceps).

2.3.1. Prise chronique de salbutamol

Ainsi, Caruso (1994) détermine qu'une prise chronique de salbutamol dosé à 12 mg/jour et combiné à un exercice isokinétique permet d'augmenter la force musculaire.

Les sujets ont réalisé pendant 9 semaines un travail d'extension des genoux. Le salbutamol ou le placebo ont été administrés pendant 6 semaines et les sujets ont reçu 16 mg par jour de salbutamol. L'entraînement a consisté à réaliser 3 séries de 10 répétitions à $45°.s^{-1}$

Le pic de puissance, le travail total, la puissance moyenne, ont été examinés ainsi que les fonctions pulmonaires. Les résultats de cette étude mettent en évidence une amélioration des performances.

De même, Martineau et coll. (1992) ont étudié chez l'homme les répercussions du salbutamol lors d'une prise chronique (3 semaines) d'une forme retard sur la force musculaire chez 12 sujets sains. La force des différents groupes musculaires a été mesurée avant et après 14 jours et 21 jours de traitement

L'auteur ne montre aucun changement significatif de la force musculaire lors du traitement placebo. A l'opposé, la force des muscles des quadriceps a augmenté de manière significative ($12 \pm 3\%$) après 14 jours de traitement salbutamol et restait élevée au bout de 21 jours.

Cette étude met donc en évidence que l'administration de salbutamol augmente la force musculaire chez des sujets sains.

D'autre part, Candau et coll. (2001) se sont intéressés aux effets d'un traitement chronique de salbutamol (12 mg par jour pendant 3 semaines) par rapport à un traitement placebo sur les caractéristiques de force et de vitesse de contraction au cours d'un test force-vitessse.

Un groupe de 8 sujets sains et actifs a accepté de réaliser 3 sprints de 4 secondes sur ergocycle avant et après un traitement chronique selon un protocole en double aveugle.

Des échantillons de sang pour le dosage du lactate ont été collectés au repos et à la 2ème, 5ème et 8ème minute après les sprints grâce à un cathéter placé dans la veine antécubitale. Les résultats montrent un effet significatif des traitements sur la relation force-vitesse. Pour une vitesse de contraction donnée, la force a augmenté de 8% par rapport à la situation contrôle. Par rapport à l'état de repos, les concentrations sanguines de lactate augmentaient significativement à l'issue des sprints. Pendant la récupération, des concentrations sanguines de lactate plus élevées ont été notées après le traitement chronique par rapport au placebo. En plus de l'effet bronchodilatateur bien connu pour le salbutamol, la présente étude montre un effet ergogénique sur le muscle squelettique dans le sprint. Les résultats sont plutôt en faveur d'un effet « catecholamine-like » sur la glycolyse comme en atteste les concentrations sanguines de lactates.

Tableau 2: Synthèse des études sur la prise de beta 2 mimétiques lors d'une administration par inhalation sur la performance chez l'homme

Etudes	Population	Substance et dose	Type de traitement	Type exercice	Pratique sportive	Performance
McKenzie et coll. (1983)	Homme Femme	Salbutamol 200µg	Inhalation Prise aiguë	Aérobie	Endurance	Pas d'amélioration perf.
Bedi et coll. (1988)	Homme	Salbutamol (dose non spécifié)	Inhalation Prise aiguë	70% VO2max (1h) + effort maximal	Cyclisme	↗ Débit expiratoire Amélioration durée de l'effort
Willem et coll. (1992)	Homme	Salbutamol 200 µg	Inhalation Prise aiguë	70% VO2max (45') Wingate	Cyclisme	Pas d'amélioration perf.
Signorile et coll. (1992)	Homme	Salbutamol (360 µg)	Inhalation Prise aiguë	Wingate	Cyclisme	Amélioration perf.
Meuwisse et coll. (1992)	Homme	Salbutamol (360 µg)	Inhalation Prise aiguë	70% VO2max (45') sprint Wingate	Cyclisme	Pas d'amélioration perf.
Fleck et coll. (1993)	Homme	Salbutamol (200 µg)	Inhalation Prise aiguë	70% VO2max (45')	Cyclisme	Pas d'amélioration perf. ↗ Fc ↗ Lactate
Lemmer et coll. (1995)	Homme	Salbutamol (360 µg)	Inhalation Prise aiguë	Wingate	Cyclisme	Pas d'amélioration perf. ↗ FEV1
Heir et coll. (1995)	Homme	Salbutamol (0.05mg/kg)	Inhalation Prise aiguë	110% VO2max	Course	Pas d'amélioration perf. ↗ Fc
Morton et coll. (1996)	Homme	Salmétérol (50 µg)	Inhalation Prise aiguë	10" sprint 30" flexion-extension VO2 max	Cyclisme Triathlon	Pas d'amélioration perf.
Norris et coll. (1996)	Homme	Salbutamol (400 µg)	Inhalation Prise aiguë	Exercice submaximal 60" wingate 20 km vélo	Cyclisme	Pas d'amélioration perf.
Sharon et coll. (1996)	Homme	Salmétérol (42 µg)	Inhalation Prise aiguë	Wingate	Cyclisme	Pas d'amélioration perf.
Sandsun et coll. (1997)	Homme	Salbutamol (400 µg)	Inhalation Prise aiguë	Exercice submaximal (tapis roulant)	Ski	↗ FEV
Carlsen et coll. (1997)	Homme	Salmeterol Salbutamol	Inhalation Prise aiguë	Course anaérobique	Endurance	Réduction du temps de course

Larsson et coll. (1997)	Homme	Terbutaline (3 mg)	Inhalation Prise aiguë	Exercice submaximal (tapis roulant)	Sportifs	Pas d'amélioration perf.
McDowelle et coll. (1997)	Homme	Salmétérol (42 µg)	Inhalation Prise aiguë	Wingate	Cyclisme	Pas d'amélioration perf.
Ian et coll. (2001)	Homme	Formoterol (12 µg)	Inhalation Prise aiguë	Wingate	Cyclisme	Pas d'amélioration perf
Carlsen et coll. (2001)	Homme	Formotérol	Inhalation Prise aiguë	VO2 max	Endurance	Pas d'amélioration perf.
Goubault et coll. (2001)	Homme	Salbutamol (200 µg et 800 µg)	Inhalation Prise aiguë	85% VO2 max	triathlon	Pas d'amélioration Perf. Bronchodilatation
Stewart et coll. (2002)	Homme	Formotérol (12 µg) Salbutamol (400 µg)	Inhalation Prise aiguë	Wingate Exercice incrémental	Athlète de haut niveau (non spécifié)	Pas d'amélioration perf.
Van Baak et coll. (2004)	Homme	Salbutamol (800 µg)	Inhalation Prise aiguë		Cyclisme	Pas d'amélioration Perf. ↗ AG, lactate, glycerol

Tableau 3 : Synthèse des études sur la prise de beta 2 mimétiques lors d'une administration par voie orale sur la performance chez l'homme

Etudes	Population	Substance et dose	Type de traitement	Type exercice	Pratique sportive	Performance
Collomp et coll. (2002)	Homme	Salbutamol (6 mg)	Orale Prise aiguë	2X10 ' à 90% VO2max	Endurance	Pas d'amélioration de perf.
Van Back et coll. (1999)	Homme	Salbutamol (4 mg)	Orale Prise aiguë	70% VO2 max	Cyclisme	↗ Force
Martineau et coll. (1992)	Homme	Salbutamol 16 mg/jour	Orale Prise chronique (3 semaines)	Mesure de la force	Sédentaires actifs	Amélioration perf.
Caruso et coll. (1995)	Homme	Salbutamol (16 mg)	Orale Prise chronique (6 semaines)	Exercice isokinétique Répétitions sur quadriceps	Sédentaire récréationel	↗ Force
Candau et coll. (2001)	Homme	Salbutamol (12mg)	Orale Prise chronique (3 semaines)	3 sprints de 4" Force-vitesse	Sédentaire actif	↗ Puissance Max. ↗ Lactate
Collomp et coll. (2000)	Homme	Salbutamol (12mg)	Orale Prise chronique (3 semaines)	80% VO2 max	Endurance	Amélioration perf. ↙ Urée ↗ lactate ↙ glucose

Tableau 4 : Synthèse des études sur la prise de beta 2 mimétiques chez l'animal et leur conséquence sur le muscle squelettique

Substance	Espèce animale	Animal sain ou non	Dose administrée	Durée du traitement	Effet anabolisant	Paramètres mesurés	Etudes
Clenbutérol	Rat	Sain	--	19 jours	oui	Synthèse des protéines	Emery et coll. (1984)
	Rat	dénervé	--	aiguë	non	Inhibition de l'atrophie	Maltin et coll. (1986)
	Rat	Sain	--	21 jours	non	↗ PC Pas de modification des fibres	Maltin et coll. (1986)
	Rat	Déficient en protéines	(1mg/kg/j)	21 jours	non	↗ protéines ↙ MG	Rothwell coll. (1987)
	Rat	sain	0.125 mg/kg	7 jours	oui	↗AMPc ↗Lactate ↙Glycogène musculaire	MacLennan et coll. (1989)
	Rat	Dénervé et sain	(2 mg/ kg)	14 jours	oui	↗ FibresII	Agbenyega et coll. (1990)
	Taureau	sain	(1 mg/ kg)	-	oui	↗ Surface des fibres II ↙glycogène	Maltin et coll. (1990)
	Rat	Dénervé et sain	--	4 jours	oui	↗ Protéines Activation des cellules satellites	Maltin et coll. (1992)
	Rat	dénervé	(10 µg/kg)	-	oui	↗ protéines	Maltin et coll. (1992)
	Rat	sain	Voie orale	10 jours	--	↗ Synthèse protéique sur le muscle cardiaque	Maltin et coll. (1992)
	Rat	sain	4 mg/kg	-	oui	↗ Protéine ↙MG	Choo et coll. (1992)
	Rat	sain	1 mg/kg/j	15 jours	oui	↗ Protéine ↙ MG	Cartana et coll. (1994)
Cl +Sal	Rat	Sain	Cl : 1.03 mg/kg Sal : 600µg/kg	3 semaines	-	↗ MM ↗ Protéines	Carter et coll. (1994)

Cl/Salm	Rat	Sain	Cl : 100 µg/j Salm : 130 µg/j	10 jours	oui	↗ PC ↗ Fibres rapides	Moore et coll. (1994)
	Rat	sain	Cl : 2 mg/kg/j	6 semaines	oui	altération MHC ↗ fibres II	Criswell et coll. (1996)
	Rat	sain	2 mg/kg	14 jours	oui	↗MM ↗Fibres I et II ↗fatigue musculaire ↙ activité glycolytique et oxydative	Dodd et coll. (1996)
	Rat	Sain et âgé	10 µg/kg/j	21 jours	non	↗ protéines	Kuangjen et coll. (2000)
	Rat	sain	--	14 jours	oui	↗ MHC II	Stevens et coll. (2000)
	Rat	sain	1mg/kg	-	oui	↗Masse MM ↗masse ventriculaire	Deutsch et coll. (2000)
	Rat		200µg/kg/j	8 semaines	oui	MHC II	Rajab et coll. (2000)
	Rat	sain	0.6 mg/j voie orale	2 semaines	oui	Ca^{2+}	Ricart-Firinga et coll. (2000)
	Rat	Sain postnatal	1.5 mg/kg/j voie orale	4 semaines	--	↗Activité ATPase ↗Activité glycolytique ↙Activité oxydative	Polla et coll. (2001)
	Rat	Sain suspendu Et non suspendu	1mg/kg	14 jours	oui	Suspendu : réduction de l'atrophie	Wineski et coll. (2002)
	Rat	Sain	2 mg/kg voie orale	8 semaines	oui	↗ Protéine	Cavali et coll. (2002)
	Rat	Sain et suspendu	-	-	-	Maintient du PC Atténuation de l'effet lipolytique	Von Deutsch et coll. (2002)
	Chevaux	sain	2.4µg/kg2X/j ; 5j/semaine	8 semaines	non	aucune altération du Ca2+ au niveau des fibres rapides	Plant et coll. (2003)
	Rat	sain	250 µg/kg	8 semaines	--	↗chaînes de myosines ↗Fc	Jones et coll. (2004)

	Rat	sain	2 mg/kg/j	4 semaines	--	↗ Ca2+	**Soppa et coll.** (2005)
	chien	sain	(8 µg/kg/2X /j) voie orale	7 semaines	oui	%age de fibre préservé	**Sharif et coll.** (2005)
	Rat	sain	1µg à 10 mg/kg/j	14 jours	oui	↗ Protéines Mort des myocytes Apoptose et nécrose	**Burniston et coll.** (2006)
	Rat	sain	Voie orale	3 semaines	oui	ΓGFbeta 1, 2, et 3	**Akutsu et coll.** (2006)
Fenotérol	Rat	sain	-	4 semaines	oui	↗Superficie des fibres	**Rvall et coll.** (2002)
Salbutamol	Rat	sain	0.3 mg/kg	14 jours	oui	Conversion des fibres I en II	**Soic-Vranic et coll.** (2005)
Salbutamol	Rat	Sain et dénervé	0.3 mg/kg 2X/j	14 jours	oui	Hypertrophie des fibres Dénervé : atrophie des fibres et conversion des fibres I en II	**Soic-Vranic et coll.** (2005)

Cl : clenbuterol ; Sal : salbutamol : Salm : salmétérol

DEUXIEME PARTIE

S'il existe de nombreuses études ayant testé les effets ergogéniques d'une prise de salbutamol administrée par inhalation, très peu d'études chez l'homme ont été effectuées concernant les effets d'une prise systémique chronique de β₂ mimétique sur l'organisme lors d'exercices maximaux ou supramaximaux.

C'est pourquoi nous avons basé notre étude sur l'influence d'une prise aiguë et chronique par voie orale de salbutamol chez des volontaires sains de sexe masculin et féminin afin d'étudier la performance au cours d'exercices maximal (VO₂ max) et supramaximal (Wingate test) en laboratoire.

Dans cette étude, les répercussions métaboliques, endocriniennes et ventilatoires ont été mesurées suite à ces prises afin de déterminer les mécanismes impliqués.

La composition corporelle, le contenu et la densité minérale osseuse ont également été analysés sur le corps entier, les lombaires (L1-L4) et le col fémoral.

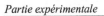
PARTIE EXPERIMENTALE

Matériel et méthodes

I. Population

1. Prise aiguë

Treize sujets masculins et douze sujets féminins sains âgés de 18 à 30 ans, pratiquant une activité régulière de loisirs (2 à 4 heures par semaine) ont réalisé l'étude en prise aiguë.

2. Prise chronique

Quinze sujets masculins et quatorze sujets féminins sains âgés de 18 à 30 ans ont réalisé l'étude en prise chronique.

Les sujets masculins et féminins ont été répartis en deux groupes : un groupe entraîné (E) pratiquant une activité régulière de 2 à 4h à raison de trois fois par semaine et un groupe sédentaire (S) ne pratiquant pas d'activité physique régulière.

Tous les sujets féminins étaient sous traitement de contraceptifs oestro-progestatifs microdosés, les expériences s'effectuant au même moment du cycle.
Aucun sujet n'était sous traitement médicamenteux ou licencié dans un club. Chaque sujet a donné son consentement éclairé par écrit après avoir été averti des risques encourus (principaux effets secondaires possibles : tachycardie, palpitations, céphalées, troubles digestifs, crampes).

Une visite médicale a eu lieu avant le début de l'étude pour chacun des sujets afin de vérifier s'ils n'étaient pas asthmatiques, n'avaient pas utilisé de β_2 mimétiques au cours des six mois écoulés et ne présentaient pas d'hypertension artérielle.

II. Lieux et modalités de recrutement

Les sujets ont été recrutés suite à des informations verbales au sein des composantes universitaires et hospitalières des sites Orléanais.

Tout sujet a été averti de la possibilité de retirer son consentement à tout moment quelle qu'en soit la raison et sans avoir à la justifier.

Cette étude a reçu l'accord du CCPPRB (Comité Consultatif pour les Personnes se Présentant à la Recherche médicale et Biologique) de Tours (Novembre 2002).

III. Exercices

Une première visite au laboratoire a eu lieu afin de familiariser les sujets avec les locaux, le matériel et l'équipe médicale.

1. Test du Wingate

Pour les deux populations, l'épreuve choisie est un Wingate test qui consiste en un travail de pédalage de 30 secondes contre une charge de 0.075kg/kg de poids de corps. L'exercice est effectué sur une bicyclette ergométrique de type Monark. L'analyse a été réalisée par un logiciel adapté et programmé sous Labview.

Ce test permet de déterminer en particulier :

- le pic de puissance (PP) correspondant à la puissance maximale atteinte au cours de ce test
- la puissance moyenne (PM) ou travail total effectué
- l'index de fatigue correspondant à PP-Pmin/PP
- De plus, la version utilisée permet de déterminer avec précision la force et la vitesse correspondant au pic de puissance.

Après un premier Wingate d'adaptation, l'épreuve proprement dite du Wingate a été effectuée à deux reprises, à la fin de chaque traitement.

2. Test de VO_2 max ou capacité maximale aérobie

Seul le groupe des femmes a réalisé suite au test de Wingate un test de VO_2 max.

Ce dernier s'effectue à l'aide d'un analyseur d'échange gazeux qui enregistre la consommation en oxygène (VO_2) au cours de l'effort. Ce protocole se réalise généralement en laboratoire sur ergocycle ou tapis roulant. Il consiste, après un échauffement de 3 minutes, à augmenter régulièrement (chaque minute) l'intensité de l'exercice (20 watts pour les sujets sédentaires et 30 watts pour les sportifs) de façon à durer dans une fourchette de travail de 10 à 12 minutes.

On considère que l'épreuve d'effort est maximale, lorsque les conditions suivantes sont atteintes :

- Fc maximale théorique (220 - âge)
- Plafond des valeurs de VO_2 max, malgré l'augmentation de la charge
- QR (VCO_2/VO_2 = quotient respiratoire) > 1.1
- Impossibilité du sujet à maintenir la vitesse imposée

La progression de l'effort se fait donc par palier.

Arrivé à une certaine puissance de l'exercice, la consommation de l'oxygène n'augmente plus. Ce dernier palier correspond aux possibilités maximales du sportif à transporter et à utiliser de l'oxygène : c'est sa VO_2 max

La dernière puissance d'effort atteinte correspond à la puissance maximale aérobie du sujet.

IV. Mesure de la densité minérale osseuse et de la composition corporelle

1. Généralités

Aujourd'hui, l'ostéoporose, la perte de densité et du contenu minéral osseux peuvent être dépistés, caractérisés et traités grâce à des méthodes d'évaluation fines.

Parmi celles-ci, il y a celles qui chiffrent la masse minérale osseuse phosphocalcique, premier déterminant du risque fracturaire, et celles qui cherchent à apprécier la qualité de la structuration du minéral osseux ; d'autres apportent des informations mixtes ; d'autres encore renseignent sur la dynamique des processus (tableau 5).

Tableau 5 : Différentes méthodes d'investigation du tissu osseux

Méthode	Information
Analyse chimique des cendres	Masse minérale, destructive
Radiographie standard	Masse (imprécis), macroscopie
Radiogrammétrie	Masse corticale
Tomodensitométrie	Masse volumique (densité vraie)
Absorptiométrie ou ostéodensitométrie	Masse surfacique
Morphométrie	Architecture (macroscopique)
Histomorphométrie	Architecture microscopique (sanglant)
Analyse de texture	Architecture microscopique
Mesures ultrasonographiques	Mixte : masse/architecture
Marqueurs biologiques	Dynamique du remodelage osseux
scintigraphie	Sites d'ostéogenèse accrue

Parmi toutes ces méthodes, nous avons retenu celle de la densitométrie, d'une part car il s'agit de l'appareil de référence et d'autre part celle-ci était localisée sur Orléans. Avec l'absorptiométrie biphotonique, la mesure de la transmission d'un rayonnement fait de deux énergies différentes permet de distinguer l'absorption de l'os de l'absorption des parties molles. L'obtention d'une image permet de sélectionner la région de mesure. Le double rayonnement très constant mais peu abondant d'une source radioactive, gadolinium 153 le plus souvent (DPA ou Dual Photon Absorptiometry), a été remplacé depuis 1987 par celui du tube à rayons X (DEXA ou Dual Energy X- ray Absorptiometry) qui apporte une plus grande sensibilité : l'examen est ainsi devenu plus rapide, la précision meilleure pour une irradiation restant très faible, et l'examen reste performant, aussi bien dans son exactitude que de sa reproductibilité ; ce qui nous a amené par conséquent au choix de cet appareil pour notre étude.

2. Absorptiométrie biphotonique

2.1. Principe général

2.1.1. Sites de mesure de la densité minérale osseuse

Comme il s'agit d'une projection plane, l'absorptiométrie biphotonique ne permet pas l'analyse séparée des composantes trabéculaire et corticale comme le ferait une tomodensitométrie au scanner. Elle dépend du volume osseux, c'est-à-dire des dimensions de la pièce osseuse étudiée. Néanmoins le choix des sites de mesures à composante plus fortement trabéculaire (vertèbres lombaires, avant bras au site distal) ou plus fortement corticale (col fémoral, avant bras au site proximal) permet de répondre aux questions posées (figures 7 et 8).

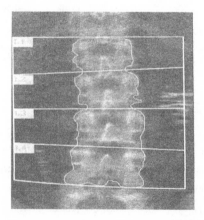

Figure 7 : Examen densitométrique du rachis lombaire (Hologic QDR-4500a ; colonne lombaire)

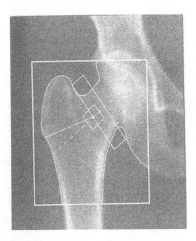

Figure 8 : Examen densitométrique du col fémoral (Hologic QDR-4500a ; Hanche droite)

L'examen densitométrique osseux chez les femmes ménopausées a pour principal intérêt la caractérisation des femmes à risques. C'est en effet le seul examen permettant d'isoler au sein de cette population celles qui, du fait d'une masse osseuse abaissée, sont les plus exposées aux fractures ostéoporotiques. En raison de l'absence de concordance absolue entre les résultats obtenus à différents sites, l'identification des femmes à risque doit comporter au moins l'étude de deux sites densitométriques différents incluant un site à prédominance trabéculaire et un site à prédominance corticale. Les sites généralement explorés sont ceux pour lesquels il n'y aura pas de superposition en projection plane avec d'autres parties du squelette et qui sont également les sites privilégiés de l'ostéoporose.

Les plus habituels sont les vertèbres lombaires de L2 à L4 et le col du fémur, mais il est courant de faire des mesures au niveau de l'avant-bras ou du corps entier

Pour notre étude nous avons réalisé au début et à la fin de chaque traitement (placebo et salbutamol) une absorptiométrie biphotonique à rayons X afin d'évaluer le contenu (CMO) et la densité minérale osseuse (DMO) des vertèbres lombaires (L2- L4), du col du fémur et du corps entier.

Cet outil permettant également d'évaluer la composition corporelle, nous nous sommes penchés sur l'analyse de la masse maigre et de la masse grasse du corps entier à la fin de chaque traitement (Placebo/Salbutamol).

V. Traitement

1. Prise chronique

Le salbutamol (SAL) a été administré à raison de 12 mg/jour pendant 21 jours chez l'homme (spécialité SALBUMOL 2 mg, Laboratoire Glaxo déconditionnée et masquée sous forme de gélules) et 28 jours chez la femme. Cette posologie (représentant entre 0.15 et 0.20mg /kg) est couramment utilisée en thérapeutique pour le traitement de fond de l'asthme et dans le traitement des menaces d'accouchement prématuré.

Afin d'éliminer les effets psychologiques, des gélules de placebo (PLA) sous présentation identique et contenant du lactose ont été administrées à chaque sujet pendant le même laps de temps (21 et 28 jours).

Les deux traitements, administrés à tous les sujets ont été séparés par une période de wash out de 28 jours pour les hommes et de 8 semaines pour les femmes.

2. Prise aiguë

Le salbutamol a été administré à raison de 4 mg chez les hommes et les femmes.

VI. Expérimentation

Les jours des expériences :

- <u>7/8 heures</u> : prise des gélules (placebo ou 4 mg de salbutamol) : repos.
- <u>8/9 heures</u> : petit déjeuner standardisé (environ 400 kcal) sans prise de caféine et d'alcool lors des dernières 24 heures.
- <u>9/10 heures</u> : mise en place du cathéter veineux dans une veine de l'avant-bras.
- <u>10/11 heures</u> : début de l'exercice supramaximal, 3 heures après la prise de gélules (activité maximale).
- Pour les femmes l'exercice maximal a été effectué 1h après le test de Wingate.

VII. Analyses des paramètres sanguins

Des prélèvements sanguins ont été effectués à partir du cathéter veineux :
- au repos
- à la fin du Wingate et à la fin du test de VO_2 max
- ainsi qu'au cours de la récupération passive (5, 10, 15 min)

Au vue de la littérature, la plupart des études s'est penchée sur les effets hormonaux du salbutamol au repos. Nous nous sommes donc intéressés à la fois aux répercussions du salbutamol au repos, mais également à l'exercice.

1. Prise chronique

1.1. Test du Wingate

Dosages réalisés chez l'homme :
- Leptine par ELISA (kit IBL, Allemagne), et lactates par microméthode électroenzymatique (Microzym).

Dosages réalisés chez la femme :
- GH, insuline, lactates.

1.2. Test de VO_2 max

Dosages réalisés chez la femme :
- GH, insuline, lactates.

2. Prise aiguë

2.1. Test du Wingate

Dosages réalisés chez l'homme :
- GH, insuline, lactates, glucose.

Dosages réalisés chez la femme :
- GH, insuline, ACTH, lactates, glucose.

2.2. Test de VO_2 max

Dosages réalisés chez la femme :
- GH, insuline, lactates, glucose.

VIII. Statistiques

Les résultats sont exprimés en moyenne plus ou moins l'écart type (SE).

Les tests spécifiques pour étude en cross-over ont été utilisés pour déterminer s'il existait des différences significatives entre les paramètres de performance obtenus sous placebo et salbutamol.

Les différences au niveau de la composition corporelle, de la masse osseuse et des paramètres métaboliques et hormonaux ont été analysées par des analyses de variance à mesures répétées pour la prise chronique.

Pour les autres paramètres, une Anova à un facteur (prise aiguë) et à deux facteurs (prise chronique) a été utilisée.

La significativité a été retenu pour p inférieur à 0,05.

RESULTATS

I. Prise chronique

1. Evaluation de la composition corporelle

1.1. Chez l'homme

Tableau 6 : Résultats anthropométriques chez le groupe entraîné (E) de sexe masculin

	Placebo		Salbutamol	
	Début	Fin	Début	Fin
Poids de corps (kg)	$78,6 \pm 3,8$	$78,8 \pm 3,6$	$78,9 \pm 3,7$	$79,1 \pm 3,8$
Masse maigre (kg)	$62,9 \pm 2,4^+$	$63,7 \pm 2,3^+$	$63,1 \pm 2,6^+$	$63,4 \pm 2,5^+$
Masse grasse (kg)	$12,6 \pm 1,6$	$12,0 \pm 1,5$	$12,7 \pm 1,4$	$12,7 \pm 1,5$

(+ : P< 0.05 entre sujets témoins et entraînés, * : P< 0.05 entre placebo et salbutamol)

Tableau 7 : Résultats anthropométriques chez le groupe sédentaire (S) de sexe masculin

	Placebo		Salbutamol	
	Début	Fin	Début	Fin
Poids de corps (kg)	$68,5 \pm 4$	$69,1 \pm 4,3$	$69,1 \pm 4,3$	$69,1 \pm 4,5$
Masse maigre (kg)	$53,9 \pm 2,1$	$53,9 \pm 2$	$54,2 \pm 2,3$	$54,4 \pm 2,4$
Masse grasse (kg)	$11,9 \pm 2,4$	$12,3 \pm 2,7$	$12,3 \pm 2,7$	$12,0 \pm 2,5$

(+ : P< 0.05 entre sujets témoins et entraînés, * : P< 0.05 entre placebo et salbutamol)

Effet groupe

Concernant la masse maigre, une différence statistiquement significative est observée entre les groupes.

Effet salbutamol

Suite au traitement salbutamol aucune différence significative n'a été observée quant aux facteurs anthropométriques.

1.2. Chez la femme

Tableau 8 : Résultats anthropométriques chez le groupe entraîné (E) de sexe féminin

	Placebo		Salbutamol	
	Début	Fin	Début	Fin
Poids de corps (kg)	$64,1 \pm 5,1^+$	$64,6 \pm 5^+$	$64 \pm 5^+$	$63,8 \pm 4,9^+$
Masse maigre (kg)	$46,1 \pm 2,8^+$	$46,2 \pm 2,6^+$	$45,3 \pm 2,4^+$	$45,9 \pm 2,6^+$
Masse grasse (kg)	$15,7 \pm 2,5$	$16 \pm 2,6$	$16,4 \pm 2,7$	$15,6 \pm 2,5$
Masse grasse (%)	$23,7 \pm 2,1$	$24 \pm 2,2$	$24,7 \pm 2,2$	$23,7 \pm 2,1$

(+ : P< 0.05 entre sujets témoins et entraînés, * : P< 0.05 entre placebo et salbutamol)

Tableau 9 : Résultats anthropométriques chez le groupe sédentaire (S) de sexe féminin

	Placebo		Salbutamol	
	Début	Fin	Début	Fin
Poids de corps en kg	$56,9 \pm 3,5$	$56,9 \pm 3,2$	$56,9 \pm 3,7$	$56,6 \pm 3,2$
Masse maigre en kg	$38,3 \pm 1,5$	$38,2 \pm 1,5$	$37,7 \pm 1,7$	$37,4 \pm 1,1$
Masse grasse en kg	$16,7 \pm 2,1$	$16,8 \pm 2$	$17,2 \pm 2,1$	$17,3 \pm 2,2$
Masse grasse en %	$24,8 \pm 2,2$	$25,7 \pm 2,5$	$25,5 \pm 2,2$	$25,2 \pm 2,4$

(+ : P< 0.05 entre sujets témoins et entraînés, * : P< 0.05 entre placebo et salbutamol)

Effet groupe

Au niveau de la composition corporelle, nous notons une différence significative de poids corporel et de la masse maigre (MM) entre les sujets sédentaires (S) et entraînés (E).

Aucune différence entre les deux groupes n'est retrouvée au niveau de la masse grasse, que celle-ci soit exprimée en kg ou %.

Effet salbutamol

Il n'existe aucune différence significative des trois paramètres étudiés (poids corporel, masse maigre, masse grasse) suite au traitement de salbutamol.

2. Evaluation de la masse osseuse

2.1. Chez l'homme

Tableau 10 : Evolution des caractéristiques osseuses au cours des deux traitements chez le groupe entraîné (E) de sexe masculin

	Placebo		Salbutamol	
	Début	Fin	Début	Fin
DMO (g/cm^2)	1,28 ± 0,02	1,28 ± 0,02	1,27± 0,02	1,29 ± 0,023
DMO lombaire (g/cm^2)	1,06 ± 0,03	1,05 ± 0,03	1,06 ± 0,03	1,06 ± 0,04
CMO (g)	2991 ± 115	2963 ± 112	2961 ± 96	2976 ± 117
CMO lombaire (g)	74,89 ± 4,01	72,14 ± 4,14	75,13 ± 3,82	73,48 ± 4,51

(+ : P< 0.05 entre sujets témoins et entraînés, * : P< 0.05 entre placebo et salbutamol)

Tableau 11 : Evolution des caractéristiques osseuses au cours des deux traitements chez le groupe sédentaire (S) de sexe masculin

	Placebo		Salbutamol	
	Début	Fin	Début	Fin
DMO (g/cm^2)	1,22 ± 0,046	1,23 ± 0,048	1,23± 0,049	1,23± 0,047
DMO lombaire (g/cm^2)	1,02 ± 0,06	1,02 ± 0,05	1,03 ± 0,05	1,01 ± 0,05
CMO (g)	2631 ± 175	2645 ± 190	2668 ± 189	2612 ± 174
CMO lombaire (g)	68,85 ± 5,79	67,78 ± 5,56	69,70 ± 5,60	66,39 ± 5,14*

(+ : P< 0.05 entre sujets témoins et entraînés, * : P< 0.05 entre placebo et salbutamol)

Effet groupe

Aucune différence significative n'a été observée entre les groupes concernant la densité minérale osseuse et le contenu minéral osseux du corps entier.

Aucune différence n'a été notée quant à la densité minérale osseuse et le contenu minéral osseux des lombaires entre les groupes.

Effet salbutamol

Une diminution statistiquement significative du contenu minéral osseux lombaire (CMOL) a été observée chez le groupe témoin après traitement salbutamol.

2.2. Chez la femme

Tableau 12 : Evolution des caractéristiques osseuses au cours des deux traitements chez le groupe entraîné (E) de sexe féminin

	Placebo		Salbutamol	
	Début	Fin	Début	Fin
DMO (g/cm^2)	$1,07 \pm 0,05^+$	$1,06 \pm 0,05^+$	$1,06 \pm 0,05^+$	$1,06 \pm 0,06^+$
DMO lombaire (g/cm^2)	$1,00 \pm 0,03$	$1,00 \pm 0,03$	$0,99 \pm 0,03$	$1,00 \pm 0,03$
CMO (g)	$4074 \pm 283^+$	$3926 \pm 200^+$	$3978 \pm 253^+$	$4095 \pm 289^+$
CMO lombaire (g)	$65,5 \pm 4,7^+$	$65,7 \pm 4,6^+$	$64,6 \pm 4,5^+$	$65,2 \pm 4,7^+$

(+ : P< 0.05 entre sujets témoins et entraînés, * : P< 0.05 entre placebo et salbutamol)

Tableau 13 : Evolution des caractéristiques osseuses au cours des deux traitements chez le groupe sédentaire (S) de sexe féminin

	Placebo		Salbutamol	
	Début	Fin	Début	Fin
DMO (g/cm^2)	$0,96 \pm 0,03$	$0,96 \pm 0,04$	$0,96 \pm 0,03$	$0,95 \pm 0,04$
DMO lombaire (g/cm^2)	$0,97 \pm 0,03$	$0,99 \pm 0,04$	$0,97 \pm 0,04$	$0,97 \pm 0,04$
CMO (g)	2986 ± 111	2972 ± 91	3087 ± 113	2907 ± 103
CMO lombaire (g)	$55,3 \pm 1,8$	$56,3 \pm 2$	$56,0 \pm 2,3$	$56,3 \pm 1,9$

(+ : P< 0.05 entre sujets témoins et entraînés, * : P< 0.05 entre placebo et salbutamol)

Effet groupe

Au début de l'étude, les sujets entraînés montrent une DMO, CMO et CMOL significativement plus élevées que chez le groupe sédentaire.

Effet salbutamol

Il n' y a eu aucun changement significatif des variables osseuses que ce soit après traitement salbutamol ou placebo chez les deux groupes.

3. Evaluation de performance au cours de l'exercice supramaximal (Wingate Test)

3.1. Chez l'homme

Tableau 14 : Evolution des performances chez le groupe entraîné (homme) lors du test de Wingate

Performance	Placebo	Salbutamol
Pic de puissance (W)	$939,1 \pm 70,7^+$	$1050,6 \pm 47,9^{*+}$
Pic de puissance (W/kg)	$11,7 \pm 0,6^+$	$13,2 \pm 0,5^{*+}$
Temps (s)	$3,1 \pm 0,2$	$2,0 \pm 0,3^*$
Puissance moyenne (W)	$615,5 \pm 42,9^+$	$656,0 \pm 24,1$
Index de fatigue (%)	$53,4 \pm 2,5$	$58,4 \pm 2,7$

(+ : P< 0.05 entre sujets témoins et entraînés, * : P< 0.05 entre placebo et salbutamol)

Tableau 15 : Evolution des performances chez le groupe sédentaire (homme) lors du test de Wingate

Performance	Placebo	Salbutamol
Pic de puissance (W)	$718,6 \pm 44,5$	$778,0 \pm 69,6^*$
Pic de puissance (W/kg)	$10,5 \pm 0,8$	$11,1 \pm 0,7^*$
Temps (s)	$3,8 \pm 0,7$	$2,8 \pm 0,4^*$
Puissance moyenne (W)	$472,7 \pm 31,8$	$473,3 \pm 39,2$
Index de fatigue (%)	$54,7 \pm 2,3$	$59,1 \pm 2,4$

(+ : P< 0.05 entre sujets témoins et entraînés, * : P< 0.05 entre placebo et salbutamol)

Effet groupe

Il existe une différence statistiquement significative entre les groupes concernant le pic de puissance, la puissance moyenne et la force optimale ; aucune différence significative n'a été observée sur le temps de puissance maximale, la vitesse de pédalage et l'index de fatigue.

Effet salbutamol

Suite au traitement salbutamol, nous observons une augmentation statistiquement significative du pic de puissance pour l'ensemble de la population. Parallèlement, le temps de puissance maximal apparaît significativement diminué par la prise de sallbutamol chez tous les sujets. Aucune différence entre les deux traitements n'est retrouvée au niveau de la puissance moyenne ou au niveau de l'index de fatigue.

3.2. Chez la femme

Tableau 16 : Evolution des performances chez le groupe entraîné (femme) lors du test de Wingate

Performance	Placebo	Salbutamol
Pic de puissance (W)	784 ± 52,3 $^+$	854,9 ± 50,3^{*+}
Pic de puissance (W/kg)	12,6 ± 0,9	13,7 ± 0,8*
Temps (s)	2,7 ± 0,3	1,8 ± 0,1*
Puissance moyenne (W)	428 ± 15,6$^+$	444,3 ± 18,9$^+$
Index de fatigue (%)	62,3 ± 2,7	65,7 ± 3,0

(+ : P< 0.05 entre sujets témoins et entraînés, * : P< 0.05 entre placebo et salbutamol)

Tableau 17 : Evolution des performances chez le groupe sédentaire (femme) lors du test de Wingate

Performance	Placebo	Salbutamol
Pic de puissance (W)	613 ± 33,8	669,9 ± 31,9*
Pic de puissance (W/kg)	12,1 ± 0,6	13,2 ± 0,6*
Temps (s)	2,4 ± 0,1	2,0 ± 0,1*
Puissance moyenne (W)	331,9 ± 11,8	334,4 ± 13,7
Index de fatigue (%)	63,0 ± 2,3	68,0 ± 1,9

(+ : P< 0.05 entre sujets témoins et entraînés, * : P< 0.05 entre placebo et salbutamol)

Effet groupe

Le pic de puissance et la puissance moyenne sont supérieurs chez les sujets entraînées comparé aux sujets sédentaires (p<0.05).

Aucune différence significative n'a été observée concernant l'index de fatigue et le temps pour arriver au pic de puissance.

Effet salbutamol

Suite au traitement salbutamol, nous avons noté une augmentation du pic de puissance comparé au traitement placebo pour les deux groupes. De plus, le temps pour arriver au pic de puissance a été significativement diminué sous salbutamol comparé au placebo, et ce, aussi bien pour les sujets entraînées que sédentaires. Aucune différence n'a été trouvée pour la puissance moyenne ou l'index de fatigue.

4. Evaluation de performance au cours de l'exercice maximal (VO$_2$ max) à la fin du traitement de placebo et de salbutamol chez les sujets entraînés et sédentaires

4.1. Chez la femme

Tableau 18 : Evolution des performances chez le groupe entraîné (femme) au cours de l'exercice maximal

Performance	Placebo	Salbutamol
VO$_2$ max (ml.kg^{-1}.min^{-1})	$42,5 \pm 1,7^{+}$	$42,1 \pm 2,9^{+}$
Puissance maximale aérobie (W)	$215,7 \pm 14,7^{+}$	$215,7 \pm 10,4^{+}$
Fréquence cardiaque maximale (Batt.min^{-1})	$187 \pm 3,9$	$185 \pm 2,1$

(+ : P< 0.05 entre sujets témoins et entraînés, * : P< 0.05 entre placebo et salbutamol)

Tableau 19 : Evolution des performances chez le groupe sédentaire (femme) au cours de l'exercice maximal

Performance	Placebo	Salbutamol
VO$_2$ max (ml.kg^{-1}.min^{-1})	36,8 ± 2,8	37,4 ± 2,9
Puissance maximale aérobie (W)	164,3 ± 7,2	158,6 ± 7,4
Fréquence cardiaque maximale (Batt.min$^{-1)}$	182 ± 2,5	182 ± 3,3

(+ : $P < 0.05$ entre sujets témoins et entraînés, * : $P < 0.05$ entre placebo et salbutamol)

Effet groupe

Une différence statistiquement significative a été observée entre les groupes entraînées et sédentaires concernant la VO$_2$ max et la puissance maximale aérobie.

Effet salbutamol

Au cours de l'exercice triangulaire, les résultats montrent qu'une prise chronique thérapeutique de salbutamol n'entraîne pas de modification de la performance, concernant la VO$_2$ max et la puissance maximale aérobie (W) et ce, quelle que soit l'aptitude physique des sujets.

5. Evaluation des paramètres hormonaux au cours du Wingate

5.1. Chez l'homme

LAC (mmol/L)

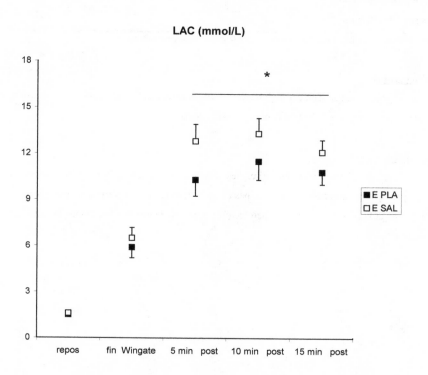

* : P< 0.05 entre placebo et salbutamol

Figure 9 : concentration de lactate (mmol/L) chez l'homme lors du test de Wingate (moyenne ± SE) au repos, à la fin et lors de la récupération après traitement placebo et salbutamol chez le groupe entraîné.

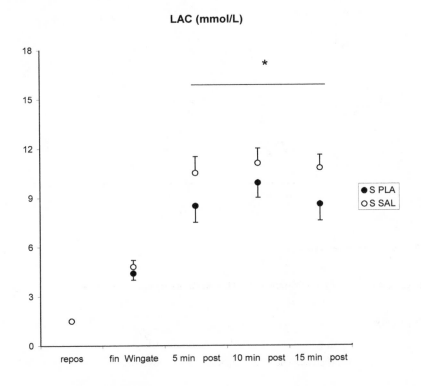

LAC (mmol/L)

* : P< 0.05 entre placebo et salbutamol

Figure 10 : concentration de lactate (mmol/L) chez l'homme lors du test de Wingate (moyenne ± SE) au repos, à la fin et lors de la récupération après traitement placebo et salbutamol chez le groupe sédentaire.

Effet groupe

Les tests révèlent un effet significatif entre les groupes concernant les concentrations de lactate ; les concentrations sont significativement plus hautes chez les sujets entraînés comparés aux sujets sédentaires à la fin de l'exercice et lors de la récupération.

Effet salbutamol

Le salbutamol augmente de manière significative les concentrations sanguines de lactate comparé au traitement placebo lors des 5, 10 et 15 minutes de récupération et ce, chez tous les sujets.

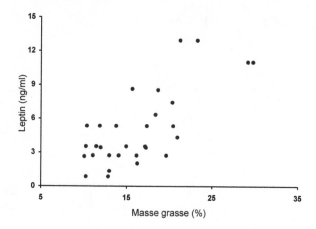

* : P< 0.05 entre placebo et salbutamol

Figure 11 : concentration de leptine (ng/ml) chez l'homme en fonction de la masse grasse.

Effet groupe

Il n'y a eu aucune différence entre les groupes (E et S) concernant les concentrations de leptine.

Effet salbutamol

Aucun changement n'a été observé suite au traitement du salbutamol (PLA : Lep$_E$: 4,6±1,3 ; Lep$_S$: 4,8±1,3 ; SAL : Lep$_E$: 5,5±1,2 ; Lep$_S$: 5±1,3 ng.ml^{-1}).

Parallèlement, il n'y a eu aucune corrélation significative entre la leptine et la masse grasse chez les sujets entraînés et non entraînés (E /S) après les deux traitements (PLA/SAL).

5.2.   Chez la femme

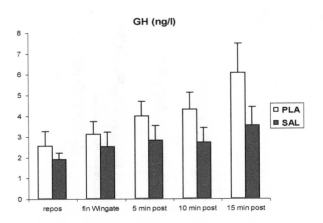

* : P< 0.05 entre placebo et salbutamol

Figure 12 : concentration de GH (ng/l) chez la femme lors du test de Wingate (moyenne ± SE) au repos, à la fin et lors de la récupération après traitement placebo et salbutamol.

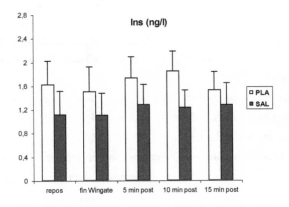

* : P< 0.05 entre placebo et salbutamol

- 83 -

Figure 13: concentration d'insuline (ng/l) chez la femme lors du test de Wingate (moyenne ± SE) au repos, à la fin et lors de la récupération après traitement placebo et salbutamol.

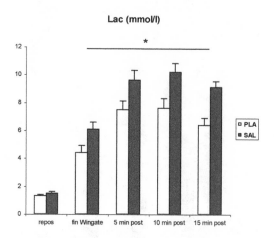

Lac (mmol/l)

* : P< 0.05 entre placebo et salbutamol

Figure 14 : concentration de lactate (mmol/L) chez la femme lors du test de Wingate (moyenne ± SE) au repos, à la fin et lors de la récupération après traitement placebo et salbutamol.

Effet groupe

Aucune différence significative n'apparaît entre les groupes concernant les concentrations de lactate, de GH et d'insuline.

Effet salbutamol

A la fin de l'exercice et lors de la récupération (r5, r10, r15), nous observons sous salbutamol, une différence statistiquement significative des concentrations de lactates sanguins chez tous les sujets (p<0.05).

Si les concentrations de GH tendent à être inférieures sous salbutamol versus placebo, il n'existe aucune différence significative ni au repos, ni en fin d'exercice et pendant la récupération entre les deux traitements.

Parallèlement aux concentrations de GH, nous observons les mêmes résultats pour l'insuline ; il n'existe aucune différence significative ni au repos, ni en fin d'exercice et lors de la récupération.

6. Evaluation des paramètres hormonaux au cours de la VO₂ max

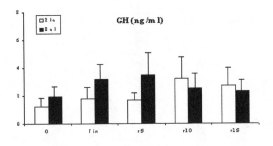

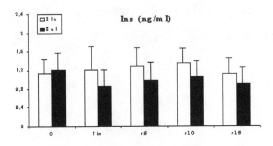

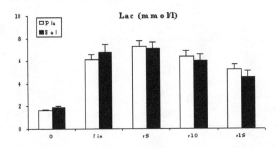

* : P< 0.05 entre placebo et salbutamol

Figure 15 : Concentrations de GH (ng/l), d'insuline (ng/l) et des lactates (mmol/L), obtenues au repos, à la fin de l'exercice maximal et au cours de la récupération sous placebo et salbutamol chez la femme.

Effet groupe

Aucune différence significative n'apparaît entre les groupes concernant les concentrations d'insuline, de GH et de lactate.

Effet salbutamol

Il n'existe aucune différence significative pour les paramètres étudiés suite à la prise de salbutamol.

II. Prise aiguë

1. Evaluation de la performance au cours de l'exercice supramaximal (Test de Wingate)

1.1. Chez l'homme

Tableau 20 : Evaluation des performances chez l'homme au cours du test de Wingate lors d'une prise aiguë de salbutamol.

Performance	Placebo	Salbutamol
Pic de puissance (W)	819,1 ± 57,1	896,5 ± 46,3*
Force$_{pp}$ (N)	69,7 ± 3,1	73,8 ± 2,8*
Temps (s)	3,03 ± 0,18	2,55 ± 0,19*
Velocité$_{pp}$ (rpm)	117,1 ± 4,7	120,7 ± 2,7
Puissance moyenne (W)	534,4 ± 35	584,8 ± 26,9*
Index de fatigue (%)	54,2 ± 1,19	53,4 ± 1,7

(* : P< 0.05 entre placebo et salbutamol)

Le pic de puissance apparaît significativement augmenté après le traitement salbutamol versus placebo (p<0.05) avec une diminution significative du temps pour parvenir a ce pic de puissance (p<0.05).

La force a été significativement augmenté sous salbutamol (p<0.05) sans changement significatif de la vélocité.

La puissance moyenne a également été augmentée sous salbutamol (p<0.05).

1.2. Chez la femme

Tableau 21 : Evaluation des performances chez la femme au cours du test de Wingate lors d'une prise aiguë de salbutamol.

Performance	Placebo	Salbutamol
Pic de puissance (W)	732,9 ± 39,9	778,8 ± 44,0*
Pic de puissance (W/kg)	12,6 ± 0,6	13,3 ± 0,6*
Temps (s)	2,65 ±0,1	1,79 ± 0,1*
Puissance moyenne (W)	395,7 ±15,8	444,3 ± 18,9*
Index de fatigue (%)	63,5 ± 2,0	66,6 ± 1,7

(*: P< 0.05 entre placebo et salbutamol)

Nous mettons en évidence une augmentation du pic de puissance suite à une prise aiguë de salbutamol avec parallèlement une augmentation significative de la puissance moyenne.

2. Evaluation au cours de l'exercice submaximal (VO$_2$ max)

2.1. Chez la femme

Tableau 22 : Evaluation des performances chez la femme au cours de l'exercice maximal lors d'une prise aiguë de salbutamol.

Performance	Placebo	Salbutamol
VO$_2$ max (ml.kg^{-1}.min^{-1})	40,9 ± 0,4	41,6 ± 0,4
Puissance maximale aérobie (W)	201,8 ± 59,9	208,1 ± 3,3
Fc Max	182,8 ± 0,9	184,9 ± 0,8
VE Max	98,7 ± 1,6	102,7 ± 1,7

(* : P< 0.05 entre placebo et salbutamol)

3. Evaluation des paramètres hormonaux suite à l'exercice supramaximal (Test de Wingate)

3.1. Chez l'homme

GH (ng/ml)

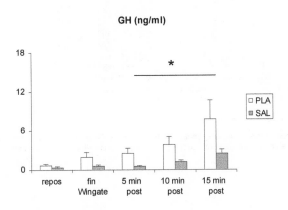

(* : P< 0.05 entre placebo et salbutamol)

<u>**Figure 16**</u> : Concentrations de GH(ng/ml) obtenues chez l'homme lors de la prise aiguë, au repos, à la fin de l'exercice et au cours de la récupération sous placebo et salbutamol lors du test de Wingate.

INS (mIU/l)

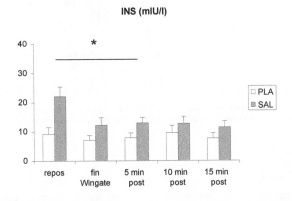

(* : P< 0.05 entre placebo et salbutamol)

<u>**Figure 17**</u> : Concentrations d'insuline (ng/l) obtenues chez l'homme lors de la prise aiguë, au repos, à la fin de l'exercice et au cours de la récupération sous placebo et salbutamol lors du test de Wingate.

LAC (mmol/l)

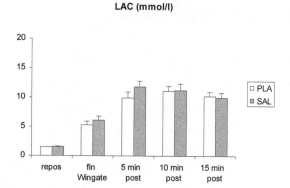

(* : P< 0.05 entre placebo et salbutamol)

Figure 18 : Concentrations de lactates (mmol/l) obtenues chez l'homme lors de la prise aiguë, au repos, à la fin de l'exercice et au cours de la récupération sous placebo et salbutamol lors du test de Wingate.

GLU (g/l)

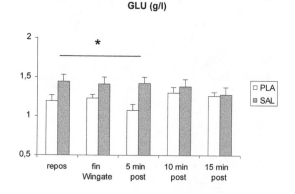

(* : P< 0.05 entre placebo et salbutamol)

Figure 19 : Concentrations de glucose (g/l) obtenues chez l'homme lors de la prise aiguë, au repos, à la fin de l'exercice et au cours de la récupération sous placebo et salbutamol lors du test de Wingate.

Les concentrations d'insuline ont été significativement augmentées sous salbutamol ($p < 0.01$) comparé au placebo et les concentrations restent significativement plus hautes sous salbutamol durant les 5 premières minutes de récupération ($p < 0.05$).

Lors du repos et à la fin de l'exercice les concentrations de GH n'apparaissent pas significativement différentes après les deux traitements. Cependant, lors de la récupération les concentrations sont significativement plus basses après salbutamol versus placebo (p<0.05). Les concentrations de glucose sanguin sont significativement augmentées après traitement de salbutamol (p<0.05).

Cette augmentation significative du glucose après salbutamol comparé au placebo apparaît significative a la fin du test de Wingate et disparaît après 5 minutes de récupération.

Les concentrations de lactate ont été significativement augmentées à la fin du test de Wingate et lors de la récupération aussi bien sous placebo que salbutamol (p<0.05)
Les concentrations de lactate tendent à être plus élevées sous salbutamol lors de la récupération.

3.2. Chez la femme

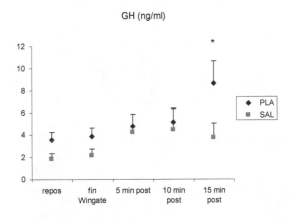

(* : P< 0.05 entre placebo et salbutamol)

Figure 20 : Concentrations de GH(ng/ml) obtenues chez la femme lors de la prise aiguë, au repos, à la fin de l'exercice et au cours de la récupération sous placebo et salbutamol lors du test de Wingate.

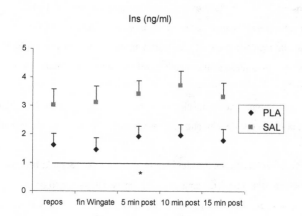

(* : P< 0.05 entre placebo et salbutamol)

Figure 21 : Concentrations d'insuline(ng/ml) obtenues chez la femme lors de la prise aiguë, au repos, à la fin de l'exercice et au cours de la récupération sous placebo et salbutamol lors du test de Wingate.

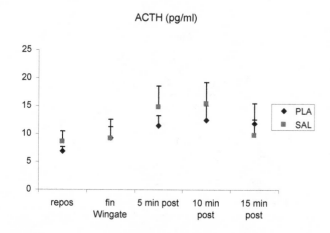

(* : P< 0.05 entre placebo et salbutamol)

Figure 22 : Concentrations d'ACTH (pg/ml) obtenues chez la femme lors de la prise aiguë, au repos, à la fin de l'exercice et au cours de la récupération sous placebo et salbutamol lors du test de Wingate.

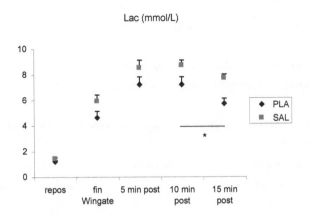

Lac (mmol/L)

(* : P< 0.05 entre placebo et salbutamol)

Figure 23 : Concentrations de lactates (mmol/l) obtenues chez la femme lors de la prise aiguë, au repos, à la fin de l'exercice et au cours de la récupération sous placebo et salbutamol lors du test de Wingate.

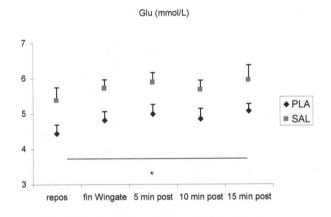

Glu (mmol/L)

(* : P< 0.05 entre placebo et salbutamol)

Figure 24 : Concentrations de glucose (mmol/l) obtenues chez la femme lors de la prise aiguë, au repos, à la fin de l'exercice et au cours de la récupération sous placebo et salbutamol lors du test de Wingate.

Il n'apparaît pas de différence significative des concentrations de GH au repos entre les deux traitements. Cependant, les concentrations de GH sont plus basses sous salbutamol versus placebo et apparaissent significativement diminuées lors des 15 minutes de récupération.

Les concentrations d'ACTH ne sont pas modifiées sous salbutamol.

Les concentrations d'insuline sont significativement augmentées pendant toute l'expérimentation après administration de salbutamol versus placebo.

Les concentrations de glucose sanguin sont significativement augmentées après traitement de salbutamol ($p < 0.05$).
Cette augmentation significative du glucose après salbutamol comparé au placebo apparaît significative a la fin du test de Wingate et disparaît après 5 minutes de récupération

Au repos aucune différence significative n'est enregistrée quant aux concentrations de lactates.
A la fin de l'exercice et lors des 10 et 15 minutes de récupération passive, les concentrations de lactates ont été significativement augmentées à la suite de la prise aiguë de salbutamol.

4. Evaluation des paramètres hormonaux suite à la prise aiguë de salbutamol lors du test submaximal (VO_2 max)

4.1. Chez la femme

Tableau 23 : Concentration deGH (ng/ml), d'insuline (ng/ml), de lactate (mmol/l), de glucose (mmol/l) suite à la prise aiguë de salbutamol lors du test submaximal, au repos, à la fin du test et lors de la récupération passive chez la femme.

	Repos	Fin du test	5'	10'	15
GH(ng/ml)					
Placebo	1,2 ± 0,4	2,3 ± 0,8	3,1 ± 1,2	3,9 ± 1,4	3,1 ± 1,7
Salbutamol	1,1 ± 0,3	2,0 ± 1,3	2,2 ± 1,7	2,4 ± 1,4*	2,0 ± 1,1*
Insuline(ng/ml)					
Placebo	1,0 ± 0,2	1,0 ± 0,3	1,2 ± 0,3	1,3 ± 0,2	1,9 ± 0,4
Salbutamol	2,3 ± 0,4*	1,9 ± 0,5*	2,0 ± 0,5*	2,0 ± 0,4*	1,8 ± 0,3
Lactate(mmol/l)					
Placebo	1,7 ± 0,1	5,8 ± 0,5	7,0 ± 0,5	5,5 ± 0,4	4,6 ± 0,5
Salbutamol	1,8 ± 0,06	7,4 ± 0,8*	7,9 ± 0,5*	6,4 ± 0,5*	5,4 ± 0,4*
Glucose(mmol/l)					
Placebo	4,3 ± 0,2	4,5 ± 0,1	5,2 ± 0,2	4,8 ± 0,2	4,9 ± 0,2
Salbutamol	5,3 ± 0,3*	5,4 ± 0,2*	5,9 ± 0,3*	5,4 ± 0,2*	5,1 ± 0,1*

(* : P< 0.05 entre placebo et salbutamol)

Les concentrations de glucose sont augmentées sous salbutamol pendant toute l'expérience.

Les concentrations de lactate ont été augmentées sous salbutamol à la fin du test de VO_2 max et lors de la récupération passive.

Les concentrations de GH sont inférieures sous salbutamol à 10 et 15 minutes de récupération passive.

Les concentrations d'insuline sont augmentées sous salbutamol jusqu'à 10 minutes de récupération.

DISCUSSION

Nous avons testé dans cette étude les effets d'une prise chronique et aiguë de salbutamol lors d'un exercice supramaximal chez l'homme et chez la femme. Les résultats permettent de mettre en évidence que chez des sujets sains et quelque soit l'aptitude physique, la performance lors du test de Wingate était améliorée, et ce, sans modification de la composition corporelle et de la masse osseuse mais avec de nombreuses modifications hormonales et métaboliques..

I. Prise chronique

Nous avons réalisé tout d'abord l'étude chez les hommes puis chez les femmes, l'étude comprenant à chaque fois un groupe de sujets entraînés et un groupe de sujets sédentaires.

1. Salbutamol et composition corporelle

Chez les hommes, au début de l'étude, aucune différence significative n'apparaît concernant le poids de corps des sujets entraînés et sédentaires. De même, les résultats de notre étude concernant la composition corporelle permettent de mettre en évidence que la masse grasse tant en valeur absolue (kg) qu'en pourcentage ne montre aucune différence significative entre les deux populations. Cependant, apparaît chez le groupe entraîné une différence statistiquement significative concernant la masse maigre comparée à notre groupe témoin. En accord avec Virvidakis et coll. (1990), il est classique que la plupart des athlètes entraînés en résistance, comme c'est le cas pour notre étude, aient une hypertrophie plus importante que des sujets sédentaires. Il a bien été mis en évidence à travers diverses études que l'entraînement en résistance exerçait un effet de force sur les muscles (Aizawa et coll. 2003, Candow et coll. 2001, Kraemer et coll. 2002, McBride et coll. 2003).(Tableaux 6,7)

La prise chronique à dose thérapeutique du salbutamol n'entraîne aucune modification significative sur l'ensemble des groupes étudiés. En effet, le poids de corps n'est pas modifié. Aucune différence n'est notée au niveau de la masse maigre. Il apparaît donc qu'à cette dose il n'existe pas chez l'homme d'effets anabolisant. Etant donné que nous obtenons les mêmes résultats pour les groupes témoin et entraîné, l'entraînement en résistance n'apparaît pas modifier l'effet du salbutamol à ce niveau. De même, nous n'observons aucune modification au niveau de la masse grasse et parallèlement, aucune différence significative des concentrations de leptine n'est observée. Ces derniers résultats ne vont pas dans le sens d'une inhibition du gène de la leptine par le salbutamol, du moins à cette dose, comme ceci avait été précédemment rapporté dans la littérature (Houseknecht et coll. 1988).

Nos résultats chez la femme concordent avec ceux obtenus chez les sujets de sexe masculin.

Au niveau de la composition corporelle, nous notons une différence significative de poids corporel et de la masse maigre entre les sujets sédentaires et entraînés. Ceci conforte les données de la littérature, mettant en évidence des masses maigres plus importantes suite à la pratique régulière d'exercices physiques. Cependant, aucune différence entre les 2 groupes n'est retrouvée au niveau de la masse grasse, que celle-ci soit exprimée en masse (kg) ou pourcentage.

Il n'existe aucune différence significative des trois paramètres étudiés (poids corporel, masse maigre, masse grasse) suite aux traitements de placebo et de salbutamol. (Tableaux 8, 9)

Il apparaît donc que la prise chronique thérapeutique de salbutamol administrée dans cette étude (12 mg/j pendant 3 ou 4 semaines) n'a pas d'effet anabolisant ni chez l'homme ni chez la femme sédentaire ou entraînée.

2. Salbutamol et masse osseuse

Chez l'homme, aucune différence n'est observée entre les sujets entraînés et sédentaires concernant la densité minérale osseuse et le contenu minéral osseux du corps entier. De même, concernant la densité et le contenu minéral osseux des lombaires, aucune différence statistiquement significative n'a été observée entre les deux groupes.

En revanche, si la prise de salbutamol (12 mg par jour pendant 3 semaines) ne modifie pas la densité minérale osseuse et le contenu minéral osseux chez le groupe entraîné, il existe une diminution statistiquement significative de Contenu Minéral Osseux (CMO) au niveau lombaire. (Tableaux 10, 11)

Au niveau des paramètres osseux chez la femme, nous mettons en évidence, des modifications significatives entre les 2 groupes de sujets, les sujets entraînés possédant des valeurs significativement plus élevées de Densité Minérale Osseuse (DMO), de contenu minéral osseux du corps entier (CMO) et des lombaires (CMO lombaire).

Cependant, aucune modification significative des différents paramètres osseux investigués n'est retrouvée suite au traitement salbutamol (12 mg par jour pendant 4 semaines) quelle que soit l'aptitude physique des sujets. (Tableaux 12, 13)

Il semble donc que la diminution de CMO lombaire suite à la prise chronique chez l'homme sédentaire soit due à un artefact lié au petit nombre de sujets.

Il apparaît donc qu'un traitement à dose thérapeutique de 3 ou 4 semaines n'entraîne pas chez l'homme et chez la femme d'effet délétère au niveau du tissu osseux, probablement en raison de la durée du cycle de remaniement de l'os.

3. Salbutamol et performance

L'observation principale de notre étude réside dans une augmentation significative du pic de puissance sur l'ensemble des sujets suite à une prise de salbutamol.

Les valeurs des performances générées par nos sujets, c'est-à-dire, le pic de puissance, le travail total et l'index de fatigue ont été obtenues avec le test de Wingate.

Nos résultats sur l'amélioration du pic de puissance confirment les résultats sur une étude portant sur un test de Force/Vitesse et sont en accord avec deux études réalisées de Caruso et coll. (1995) et Martineau et coll. (1992). En effet, les auteurs montrent une augmentation de la force musculaire après administration comparable de salbutamol. Dans notre étude, nous trouvons sous salbutamol une force développée plus importante combinée avec une diminution du temps pour arriver au pic de puissance comparé au placebo. Chez nos sujets masculins sains, nous avons observé une amélioration significative du pic de puissance (10%) lors du test de Wingate après 3 semaines de traitement sous salbutamol. Cette augmentation du pic de puissance est due à une augmentation de force optimale sans différence de vélocité sous salbutamol. Ceci confirme l'étude de Candau et coll. (2000) qui observent une augmentation du pic de puissance suite à un traitement identique de salbutamol. (Tableaux 14, 15)

Chez la femme, lors de la réalisation du Wingate test, nous mettons en évidence une augmentation significative du pic de puissance suite à une prise chronique de salbutamol à dose thérapeutique sans modification significative de la puissance moyenne. Comme chez les hommes, l'apparition de ce pic de puissance est significativement plus précoce (p<0.05). Si nous comparons nos deux populations, il apparaît que ni l'aptitude physique de nos sujets et ni le sexe ne sont des facteurs déterminants dans la réponse ergogénique. En effet, l'amélioration du pic de puissance est de l'ordre de 8-10% que les sujets soient entraînés ou non.(tableaux 16, 17)

S'il existe clairement un effet ergogénique lors d'une prise chronique de salbutamol lors d'un exercice supramaximal, celui-ci n'est pas retrouvé lors d'un exercice triangulaire maximal classique, ni la puissance maximale aérobie, ni la consommation maximale d'oxygène n'étant modifiées de manière significative. (Tableaux 18, 19)

Au cours de l'exercice triangulaire maximal, aucune différence significative n'est mise en évidence entre les deux traitements quelque soit le paramètre étudié.

Concernant les résultats de VO$_2$ max chez les femmes, le premier résultat de notre étude montre qu'une prise chronique thérapeutique de salbutamol n'entraîne pas de modifications de la performance au cours d'un exercice triangulaire classique, et ceci quelque soit l'aptitude physique des sujets. Ce résultat va à l'encontre des études précédemment effectuées suite à des prises chroniques thérapeutiques de salbutamol, mettant en évidence des améliorations significatives de performance lors de réalisations sub- ou supramaximaux chez des sujets de sexe masculin (Caruso et coll. 1995 ; Martineau et coll.1995). Une des hypothèses permettant d'expliquer l'absence d'amélioration de performance sous salbutamol dans l'étude présente pourrait être le manque de sensibilité de ce test. D'autre part, cette absence d'amélioration pourrait être attribuée à la nature de l'exercice qui est différent en terme de sollicitation métabolique et énergétique.

4. Salbutamol et réponses hormonales et métaboliques

Au niveau des paramètres métaboliques et hormonaux, nous ne mettons en évidence que peu de modifications induites par une prise chronique de salbutamol.

Comme nous l'avons écrit précédemment nous n'avons eu aucune modification des concentrations de leptine chez l'homme ; cette hormone n'ayant pas été dosée chez la femme en raison du coût prohibitif des kits (Figure 11). De même, les concentrations de GH et d'insuline suite à une prise chronique de salbutamol ne sont pas modifiées chez l'homme et chez la femme (Figures 12, 13).

Pour les hommes comme pour les femmes, les concentrations de lactates sanguins apparaissent significativement augmentées à la fin du test de Wingate (Figures 9, 10, 14). Ces résultats sont en accord avec les études précédentes portant sur l'entraînement en sprint et résultant en une implication du processus glycolytique (Linossier et coll.1993) lors d'un exercice supramaximal. Etant donné que nous avons trouvé une augmentation significative des concentrations sanguines de lactate lors de la récupération suite au traitement salbutamol versus placebo, nous pourrions suggérer que le salbutamol induit une action directe ou indirecte par augmentation de la glycogénolyse ou une augmentation du relargage des lactates musculaires dans le sang. Cependant de nouvelles études sont nécessaires pour expliciter les mécanismes impliqués.

Parallèlement, lors de l'exercice maximal aucune différence significative suite à une prise de salbutamol n'est retrouvée au niveau des concentrations d'insuline, de GH, ou de lactates (Figure 15). Au vu des modifications importantes de ces paramètres sanguins et hormonaux mises en évidence suite à une prise aiguë de salbutamol, on peut envisager un mécanisme de tolérance induit par ces quatre semaines de traitement.

En conclusion, la prise chronique thérapeutique de salbutamol n'améliore pas la performance lors d'un exercice triangulaire maximal chez la femme.

II. Prise aiguë

Nous nous sommes parallèlement intéressés aux répercussions d'une prise aiguë de salbutamol au cours des mêmes types d'exercices.

Nous nous sommes donc penchés sur l'étude d'une prise aiguë de salbutamol à dose thérapeutique (4mg) chez l'homme et chez la femme lors du test de Wingate puis lors du test de VO_2 max seulement chez la femme.

1. Salbutamol et réponses hormonales et métaboliques

A notre connaissance aucune étude ne s'est penchée sur l'analyse des concentrations de GH suite à une prise aiguë de salbutamol lors de l'exercice supramaximal chez des sujets sains.

Nous avons retrouvé chez nos deux groupes de sujets (hommes et femmes) une diminution des concentrations de GH sous salbutamol lors de la récupération passive (Figures 16, 20). Ces résultats sont en accord avec les études précédentes décrivant une diminution des concentrations de GH après une prise orale aiguë de salbutamol, après deux exercices chez des patients asthmatiques (Giutisna et coll. 1995). Quant aux concentrations d'insuline, celles-ci sont augmentées sous salbutamol lors de la récupération aussi bien chez les hommes que chez les femmes (Figures 17, 21).

Concernant les concentrations d'ACTH que nous avons réalisées uniquement chez la femme, aucune modification n'a été enregistrée sous salbutamol suite à cette prise aiguë de salbutamol (Figure 22).

Chez l'homme, les concentrations de lactate ont significativement augmentées après le test de Wingate (Figure 18). L'étude effectuée chez la femme suite à l'administration d'une prise aiguë de salbutamol, reflète les mêmes résultats que chez l'homme et montre une augmentation significative de la lactatémie sous salbutamol au cours de la récupération, cette augmentation pouvant refléter soit une augmentation de la glycogénolyse et/ou une augmentation du relargage musculaire (Figure 23).

Chez l'homme comme chez la femme, nous avons noté au repos une augmentation significative du glucose sanguin suite à la prise aiguë de salbutamol (Figures 19, 24).

L'augmentation des concentrations sanguines de glucose reporté dans cette étude suggère que la drogue stimule le phénomène de glycogénolyse (Smith et coll. 1992). En même temps les modifications des concentrations d'insuline suggèrent que le salbutamol a un effet stimulateur direct ou indirect sur les cellules du pancréas.

Lors de l'exercice maximal réalisé seulement chez la femme, aucun changement n'a été enregistré concernant les concentrations de GH et d'insuline. Les concentrations de glucose et de lactate quant à elles ont été améliorées de façon significative sous salbutamol (Tableau 23).

2. Salbutamol et performance

Le résultat principal d'une prise aiguë de salbutamol (4mg) suite à l'exercice supramaximal résulte sur l'amélioration significative des performances chez l'homme comme chez la femme. En effet, la prise orale de salbutamol 3 heures avant l'exercice a amélioré de façon significative le pic de puissance. Lors de la réalisation du Wingate test, nous mettons en évidence chez les hommes comme chez les femmes une augmentation du pic de puissance suite a une prise aiguë de salbutamol avec parallèlement une augmentation significative de la puissance moyenne. L'apparition de ce pic de puissance est significativement plus précoce ($p<0,05$) pour les deux sexes (Tableau 20, 21).

S'il existe clairement un effet ergogénique lors d'une prise chronique de salbutamol lors d'un exercice supramaximal suite à une prise aiguë, celui-ci n'est pas retrouvé chez la femme lors d'un exercice triangulaire maximal classique, ni la puissance maximale aérobie, ni la consommation maximale d'oxygène n'étant modifiées de manière significative (Tableau 22).

En conclusion, la prise aiguë et orale de salbutamol augmente significativement le pic de puissance et la puissance moyenne lors du test de Wingate chez les sujets masculins et féminins. En parallèle, des changements dans les réponses métaboliques et hormonales ont été notés.

Quant à l'exercice maximal, aucune amélioration des performances n'a été notée.

D'autres études sont nécessaires pour clarifier les mécanismes impliqués.

CONCLUSION

Les études effectuées dans le cadre de cette thèse mettent en évidence que la prise systémique de salbutamol améliore la performance au cours d'un exercice supramaximal quelque soit le type de prise (aiguë ou chronique), le sexe et l'aptitude physique des sujets, en modifiant un grand nombre de réponses métaboliques et hormonales à l'exercice mais sans altérer la composition corporelle.

Rappelons, qu'à l'heure actuelle, l'utilisation des beta-2mimétiques par les sportifs est formellement interdite par voie générale et autorisée par inhalation pour quatre d'entre eux : salbutamol, terbutaline, salmétérol, formotérol en France, comme au niveau international (liste AMA 2006). Ces quatre dernières substances sont en effet tolérées par inhalation sous AUT en particulier pour ne pas interdire aux asthmatiques une pratique sportive de compétition, leur utilisation par voie systémique ainsi que celle de tous les autres beta-2 mimétiques quelle que soit la voie d'administration étant interdite en raison de la possibilité d'effets ergogéniques.

Les résultats de cette thèse confortent donc l'interdiction par voie systémique de β_2 mimétiques tout en réfutant l'effet anabolisant suspecté. Cependant les résultats obtenus ne suffisent pas pour expliquer les mécanismes impliqués dans les améliorations des performances obtenues.

De nouvelles études apparaissent donc nécessaires. Tout d'abord, avec d'autres $\beta2$ mimétiques afin d'évaluer leurs effets sur la performance ainsi que pour déterminer un seuil urinaire de positivité. En effet, il n'apparaît pas crédible qu'un seuil de positivité n'existe que pour le salbutamol et non pour les autres beta-2 mimétiques tolérés par inhalation. De plus, parallèlement aux travaux d'autres équipes s'intéressant aux effets périphériques des beta-2 mimétiques, nous nous proposons d'explorer de nouveaux paramètres (neurotransmetteurs en particulier sur le modèle animal) afin de déterminer si un effet central pourrait être à l'origine de l'effet ergogénique clairement démontré.

BIBLIOGRAPHIE

Agbenyega ET, Wareham AC. Effect of clenbuterol on normal and denervated muscle growth and contractility. Muscle Nerve. 1990, 13, 199-203.

Ahrens RC, Smith GC. Albuterol: an adrenergic agent for use in the treatment of asthma pharmacology, pharmacokinetics and clinical use. Pharmacotherapie. 1983, 4, 105-121.

Aizawa K, Akimoto T, Inoue H, Kimura F, Joo M, Murai F, Mesak M. Resting serum dehydroepiandrosterone sulfate level increases after 8-week resistance training among young females. Eur J Appl Physiol. 2003, 90, 575-580.

Akutsu S, Shimada A, Yamane A. Transforming growth factor beta are upregulated in the rat master muscle hypertrophied by clenbuterol, a beta(2) adrenergic agonist. Br J Pharmacol. 2006, 147, 412-421 .

Allan H, Price P, Stephen P. Salbutamol in the 1980s, A Reappraisal of its Clinical Efficacy. Drugs. 1989, 38 , 77-122.

Anandajeya C, Sirakumaran S. Single dose benefits by dry powder and aerosol inhalation of salbutamol in asthmatics. Abstract. 3rd Congress of the European Society of Pneumology, Basel. 1984, 16-22 September.

Bailey J, Colahan P, Kubilis P, Pablo L. Effect of inhaled beta 2 adrenoceptor agonist, albuterol sulphate, on performance of horses. Equine Vet J Suppl.1999, 30, 575-580.

Bedi J.F., Gong H., Horvath S.M. Enhancement of exercice performance with inhaled albuterol. Can J Sport Sci. 1988, 13, 144-148.

Bloomfield SA, Girten BE, Weisbrode SE. Effects of vigorous exercice training and beta-agonist administration on bone response to hindlimb suspension. J Appl Physiol. 1997, 83, 172-178.

Bonnet N, Benhamou CL, Brunet-Imbault B, Arlettaz A, Horcajada MN, Richard O, Vico L, Collomp K, Courteix D. Severe bone alteration under beta 2 agonist treatments: bone mass, microarchitecture and strength analyses in female rats. Bone.2005, 37, 622-633, .

Bonnet N, Brunet-Imbault B, Arlettaz A, Horcajada MN, Collomp K, Benhamou CL, Courteix D. Alteration of trabecular bone under chronic beta2 agonists treatment. Med Sci Sports Exerc. 2005, 37, 1493-1501.

Borsini F, Bendotti C, Samanin R. Salbutamol d-amphetamine and d-fenfluramine reduce sucrose intake in freely fed rats by acting on different neurochemical mechanisms. Int J Obes. 1985, 9, 277-283

Candau R., K. Collomp, J.P. Daguerre, J Carra, O. Coste, J., De Ceaurriz, C. Préfaut. Effet d'une ingestion aigue de salbutamol sur la force et la vitesse de contraction du muscle squelettique.Congrès de l'ACAPS. 2001, Valence.

Candow D, Chilibeck P, Burke D, Davisson K, Smith-Palmer T. Effect of glutamine supplementation combined with resistance training in youg adults. Eur J Appl Physiol.2001, 86,142-149.

Carlsen KH, Hem E, Stensrud T, Held T, Herland K, Mowinckel P. Can asthma treatment in sports be doping? The effect of the rapid onset, long-acting inhaled beta2-agonist formoterol upon endurance performance in healthy well-trained athletes. Respir Med. 2001, 95, 571-576.

Carlsen KH, Ingier F, Kirkegaard H, Thyness B. The effect of inhaled salbutamol and salmeterol on lung function and endurance performance in healthy well-trained athletes. Scand J Med Sci Sports.1997, 7, 160-165.

Carnac G, Ricaud S, Vernus B, Bonnieu A. Myostatin : Biology and clinical relevance. Mini Rev Med Chem. 2006, 6, 765-770.

Cartana J, Segues T, Yebras M, Rothwell NJ, Stoock MJ. Anabolic effects of clenbuterol after long-term treatment and withdrawal in the rat. Metabolism. 1994, 43, 1086-1092.

Caruso, JF, Signorile JF, Perry A.C, Leblanc B, Williams R , Clark M, Bamman M. The effects of albuterol and isokinetic exercise on the quadriceps muscle group. Med Sci. Sports Exerc. 1995, 27 (11), p 1471-1476.

Cavalié H, Lac G, Lebecque B, Chanteranne M, Davicco M-J, Barlet J-P. Influence of clenbuterol on bone metabolism in exercised or sedentary rats. J Appl Physiol. 2002, 93, 2034-2037.

Choo JJ, Horan MA, Little RA, Rothwell NJ. Anabolic effects of clenbuterol on skeletal muscle are mediated by beta 2-adrenoceptor activation. Am J Physiol. 1992, 263, E50-56.

Collomp K, Candau R, Collomp R, Carra J, Lasne F, Prefaut C, De Ceaurriz J. Effects of acute ingestion of salbutamol during submaximal exercise. Int J Sports Med. 2000, 21, 480-484.

Collomp K, Candau R, Lasne F, Labsy Z, Prefaut C, De Ceaurriz J. Effects of short terme oral salbutamol administration on exercise endurance and metabolism. J Appl Physiol. 2000, 89, 430-436;

Corea L, Bentivoglio M, Verdecchia P, Motolese M, Sorbini CA, et coll. Noninvasive assessment of chronotropic and inotropic response to preferential beta-1 and beta-2 adrenoceptor stimulation. Clin Pharmacol and Ther. 1984, 35, 776-781.

Cowen PJ, Graham-Smith DG, Green AR, Heal DJ. β-adrenoceptor agonists enhance 5 hydroxy tryptamine-mediated behavioural esponses. Br J Pharmacol. 1982, 76, 265-270.

Dawson JR, Bayliss J, Norell MS, Canepa-Anson P, Kuan P. Clinical studies with beta $_2$-adrenoceptor agonists in heart failure. Eur Heart J. 1982, 3, 135-141.

Dodd SL, Powers SK, Vrabas IS, Criswell D, Stetson S, Hussain R. Effects of clenbuterol on contractile and biochemical properties of skeletal muscle. Med Sci Sports Exerc. 1996, 28, 669-676.

Duncan ND, William DA, Lynch GS. Deleterious effects of chronic clenbuterol treatment on endurance and sprint exercise performance in rats. Clin Sci (Lond). 2000, 98, 339-347.

Earley B, Leonard BE. The effect of salbutamol on the activity of olfactory bulbectomized rat in the "open-field" apparatus. Br J Pharmacol. 1983, 80, 670.

Emery PW, Rothwell NJ, Stock MJ, Winter PD. Chronic effects of beta 2 adrenergic agonists on body composition and protein synthesis in the rat. Biosci Rep. 1984,4, 83-91.

Erdo SL, Kiss B, Rosdy B. Effect of salbutamol on the cerebral levels, uptake and turnover of serotonin. Eur J Pharmacol. 1982, 78, 357-361.

Evans ME, Walker SR, Brittain RT, Paterson JW. The metabolism of salbutamol in man. Xenobiotica . 1973, 3, 113-120.

Fleck SJ, Lucia A, Storms WW, Wallach JM, Vint PF, Zimmerman SD. Effects of acute inhalation of albuterol on submaximal and maximal VO_2 and blood lactate. Int. J. Sports Med.1993, 14, 239-243.

Fowler MB, Timmis AD, Crick JP, Vincent R, Chamberlain DA. Comparison of haemodynamic responses to dobutamine and salbutamol in cardiogenic shock aftr acute myocardial infarction. Br Med J. 1982, 284, 73-76.

Garattini S, Samanin R. d-fenfluramine and salbutamol: two drugs causing anorexia through different neurochemical machanisms. Int J Obes. 1984, 8, 151-157.

Giustina A, Malerba M, Bresciani E, Desenzani P, Licini M, Zaltieri G, Grassi V. Effect of two β2-agonist drugs, salbutamol and broxaterol, on the growth hormone response to exercice in adult patients with asthmatic bronchitis. J Endocrinol Invest. 1995, 18, 847-852.

Goubault C, Perault MC, Leleu E, Bouquet S, Legros P, Vandel B, Denjean A. Effects of inhaled salbutamol in exercising non-asthmatic athletes. Thorax. 2001, 56, 675-679.

Groupe de Recherche et d'Information sur les Ostéoporoses Sous la coordination de Claude-Laurent Benhamou. Doin, 2000, p 39.

Heinz Lüllmann, Klaus Mohr. Atlas de poche de Pharmacologie. Paris: Médecine-Sciences Flammarion. 2003, p.85-339.

Heir T, Stemshaus H. Salbutamol and high-intensity treadmill running in non-asthmatic highly conditioned athletes. Scand J Med Sci Sports. 1995, 5, 231-236.

Houseknecht KL, Baile CA, Matteri RL, Spurlock ME. The biology of leptine: a review. J. Anim. Sci. 1998, 76,1405-1420.

Hulver M, Houmard J. Plasma leptin and exercise. Sports Med. 2003, 33, 473-482.

Ingalls CP, Barnes WS, Smith SB. Interaction between clenbuterol and run training: effects on exercise performance and MLC isoform content. J Appl Physiol. 1996, 80, 795-801.

Jonkman JHG, Freie HMP, van der Boon WJV, Grasmeyer G. Single dose absorption profiles and bioavailability of two different salbutamol tablets. Arzneimittel-Forschung. 1986, 36, 1133-1135.

Kitaura T, Tsunekawa N, Kraemer WJ. Inhibited longitudinal growth of bones in young male rats by clenbuterol. Med Sci Sports Exerc. 2002, 34, 267-73.

Kraemer W, Ratamess N, French D. Resistance training for health and performance. Curr Sports Med Rep. 2002, 1, 165-171.

Küng M, Croley SW, Phillips BA. Systemic cardiovascular and metabolic effects associated with the inhalation of an increased dose of albuterol. Chest. 1987, 91, 382-387.

Lalos O, Joelsson I. Effect of salbutamol on the non-pregnant human uterus *in vivo*. Acta Obstet Gynecol Scand. 1981, 60, 349-352.

Larsson K, Gavhed D, Larsson L, Holmer I, Jorfelt L, Ohlsen P. Influence of a beta2-agonist on physical performance at low temperature in elite athletes. Med Sci Sports Exerc. 1997, 29, 1631-1636.

Latimer KM, Roberts R, Dolovich J, Hargreave FE. Salbutamol: comparison of bronchodilatating effect of inhaled powder and aerosol inasthmatic patients. Can Med Assoc J. 1982, 127, 857-859.

Lecrubier Y, Puech AJ, Jouvent R, Simon P,Wildlocher D. A beta adrenergic stimulant salbutamol versus chlorimipramine in depression: a controlled study. Br J Psychiatry. 1980, 136, 354-358.

Lemmer JT, Fleck SJ, Wallach JM. The effects of albuterol on power output in nonasthmatic athlètes. Int. J. Sports Med. 1995, 16, 243-249.

Lethonen A, Viikari J, Sallinen V-P, Elo J. Effect of beta 2 adrenergic stimulation on serum lipids. Int J Clin Pharmacol Ther Toxicol. 1982, 20, 530-531.

Li H, Matheny M, Scarpace P. Beta2-Adrenergic mediated suppression of leptin gene expression in rats. Am J Physiol. 1997,272, 1031-1036.

Lin C, Magat J, Calesnick B, Synchowicz S. Absorption, excretion and urinary metabolic pattern of ^{3}H-albuterol aerosol in man. Xenobiotica . 1972, 6, 507-515.

Linossier M, Denis C, Dormois D, Geyssant A, Lacour JR. Ergometric and metabolic adaptation to a 5-s sprint training programme. Eur J Appl Physiol.1993, 67, 408-414.

Lowry R, Higgenbotam T, Johnson T, Godden D. Inhibition of artificially induced cough in man by bronchodilatators. Br J Clin Pharmacol. 1987, 24, 503-510.

Martineau L, Horam MA, Rothwell NJ, Little RA. A. Little. Salbutamol, a beta 2 adrenoceptor agonist, increases skeletal muscle stregh in young men. Clin Sci. 1992, 83, 615-621.

Mcbride J, Blaak J, Triplett-Mc Bride T. Effect of resistance exercice volume and complexity on EMG, strength and regional body composition. Eur J Appl Physiol. 2003, 90, 626-632.

MacDowell SL, Fleck SJ, Storms WW. The effects of salmeterol on power output in nonasthmatic athletes. J Allergy Clin Immunol. 1997, 99, 443-449.

MacKenzie SC, Rhodes EC, Stirling DR, Wiley JP, Dunwoody DW, Filsinger IB. Salbutamol and treadmill performance in non-atropic athletes. Med Sci Sport Exerc. 1983,15, 520-522.

Macnee W, Douglas NJ, Sudlow MF. Effect of inhalation of β-sympathomimetic and atropine-like drugs on airway calibre in normal subjects. Clin Sci. 1982, 63, 137-143.

Maconochie JG.Fowler P. Plasma concentrations of salbutamol after an oral slow-release preparation. Curr Med Res opin. 1983, 8, 634-639.

Maltin CA, Delday MI, Reeds PJ. The effect of a growth promoting drug, clenbuterol, on fiber frequency and area in hind limb muscles from young male rats. Biosci Rep. 1986, 6, 293-299.

Maltin CA, Hay SM, Delday MI, Smith FG, Lobley GE, Reeds PJ. Clenbuterol, a beta agonist, induces growth in innervated and denervated rat soleus muscle via apparently different mechanisms.Biosci Rep. 1987, 7, 525-532.

Maltin CA, Hay SM, Mc Millan DN, Delday MI. Tissue specefic responses to clenbuterol; temporalchanges in protein metabolism of striated muscle and visceral tissues from rats. Growth Regul. 1992, 2, 161-166.

Martin LE, Hobson JC, Page JA, Harrison C. Metabolism studies of salbutamol -3 H : a new bronchodilatator, in rat, rabbit, dog and man. Eur J Pharmacol. 1971, 14, 183-199.

Martin P, Soubrie P, Simon P. Shuffle-box deficits induced by inescapable shocks in rats: reversal by the beta-adrenoceptor stimulants clenbuterol and salbutamol. Pharmacol Biochem behav. 1986, 24, 177-181.

Mebdo JI, Burgers S. Effect of training on the anaerobic capacity. Med Sci Sports Exerc. 1990, 22, 501-507.

Meewisse, WH., McKenzie DC, Hopkins SR, Road JD. The effect of salbutamol on performance in elite nonasthmatic athletes. Med Sci Sports Exerc. 1992, 24, 1161-1166.

Mettauer B, Rouleau J-L, Burgess JH. Detrimental arrhythmogenic and sustained beneficial haemodynamic effcts of oral salbutamol in patients with chronic congestive heart failure. Am Heart J. 1985, 109, 840-847.

Mifune J, Kuramoto K, Ueda K, Matsushita S, Kuwajima I, Sakai M, Iwasaki T, Morobi N, Murakami M. Haemodynamic affects of salbutamol, an oral long acting beta-stimulant, in patients with congestive heart failure. Am Heart J. 1982, 104, 1011-1015.

Moore-Gillon J. Volmax[®] (salbutamol CR 8mg) in the management of noctural asthma: a placebo controlled study. Eur Resp J. 1988, 1, 306S.

Moore NG, Pegg GG, Sillence MN. Anabolic effects of the beta 2-adrenoceptor agonist salmeterol are dependant on route of administration. Am J Physiol. 1994, 267, E475-484.

Morgan DJ, Paull JD, Richmond BH, Wilson-Evered E, Ziccone SP. Pharmacokinetics of intravenous and oral salbutamol and its sulphate conjugate. Br J Clin Pharmacol. 1986, 22, 587-593.

Morton AR, Jovce K, Papalia SM, Carroll NG, Fitch KD. Is salmeterol ergogenic?. Clin J Sport Med. 1996, 6, 220-225.

Nicole G, Moore G, Sillence MN. Anabolic effects of the beta 2-adrenoceptor agonist salmeterol are dependent on route of administration. Am J Physiol. 1994, E475-E484.

Norris SR, Peterson SR, Jones RL. The effect of salbutamol on performance in endurance cyclists. Eur J Appl Physiol Occup Physiol. 1996, 73, 364-368.

Pataki, A, Muller K, Bilbe G, Green JR, Glatt M. Anabolic effects of beta 2 agonists, formoterol and salbutamol on cancellous bone ovariectomized (oux) rat. Bone 9. 1996, 116.

Pichon A, Venisse N, Krupka E, Perault-Pochat MC, Denjean A. Urinary and blood concentrations of beta 2 agonists in trained subjects. Comparison between routes of use. Int J Sports Med. 2006, 27, 187-192.

Powell ML, Weisberger M, Gural R, Chung M, Patrick JE, Radwanski E, Synchowicz SS. Comparative bioavailability and pharmacokinetics of three formulations of albuterol. J Pharm Sci. 1985, 74, 217-219.

Reeds PJ., Hay SM, Dorward PM, Palmer RM. Stimulation of muscle growth by clenbuterol: lack of effect on muscle protein synthesis. Br J Nutr. 1986, 56, 249-258.

Ricart-Firinga C, Stevens L, Canu M-H, Nemirovskaya TL, Mounier Y. Effects of β_2-agonist clenbuterol on biochemical and contractile properties on unloaded soleus fibers of rat. Am Physiol Cell Physiol. 2001, 278, C582-588.

Rolf Smith S, Ryder C, Kendall MJ, Holder R. Cadiovascular and biochemical responses to nebulised salbutamol in normal subjects. Br J Clin Pharmacol. 1984, 18, 641-644.

Rose JP, Chervinsky P, Renard RL, Kemp JP, Mendelson LM. Duration of action of oral salbutamol in an asthmatic population. Annals of allergy. 1986, 56, 28-33.

Sandsund M, Sue-Chu J, Helgerud RE, Reinertsen I, Bjermer L. Effect of cold exposure (-15°c) and salbutamol treatment on physical performance in elite nonasthmatic cross-country skiers. Eur J Appl Physiol. 1998, 77, 297-304.

Sharif Z, Hammond RL, McDonald P, Vander Heide R, Stephenson LW. The functional and histological effects of clenbuterol on the canine skeletal muscle ventricle. J Surg Res. 2005, 123, 89-95.

Signorile J.F., Kaplan J.A., Applegate B., Perry A.C. Effect of acute inhalation of the bronchodilatator, albuterol,on power output. Med Sci Sports Exerc. 1992, 24, 638-642.

Smith A, Banks J, Buchenen K, Cheong B, Gunawardena K. Mechanisms of abnormal glucose metabolism during the treatment of acute severe asthma. QJ Med. 1992, 82, 71-80.

Soic-Vranic T, Boninac D, Bajek S, Jerkovic D, Malnar D, Nikolic M. Effect of salbutamol on innervated and denervated rat soleus muscle. Braz J med Biol. 2005, 38, 1799-1805.

Soininen K, Allonen H, Posti J, Kleimola T. Pharmacokinetics of salbutamol. 2nd World Conference on Clinical Pharmacology and therapeutics. Washington. Abstract. 1983, 79.

Sorbini CA, Grassi V, Tantucci C, Corea L, Bentivoglio M, Verdecchia P, Motolese M. Ventilatory effects of selective β_1-(prenalterol) or β_2-(salbutamol) adrenoreceptor agonism in man. Int J Clin Pharmacol Ther toxicol. 1984, 22, 570-575.

Stevens L, Firinga C, Gohlsch B. Effects of unweighting and clenbuterol on myosin light and heavy chains in fast and slow muscles of rat. Am J Physiol. 2000, 279, C1558-1563.

Sykes RS, Reese ME, Meyer MC. Pharmacokinetic properties of a new sustained-release albuterol preparation, Volmax. J Allerg Clin Immunol. 1987, 79, 152.

Takeuchi T, Tsuboi T, Arai M, Togari A. Adrenergic stimulation og osteoclastogenesis mediated by expression of osteoclast differenciation factor in MC3T3-E1 osteoblast-like cells. Biochem Pharmacol 61. 2000, 579-586.

Togari A, Mogi M, Arai M, Yamamoto S, and Koshihara Y. Expression of mRNAs for neuropeptide receptors and beta-adrenergic receptors in human osteoblasts and human osteogenic sarcoma cells. Neurosci Lett. 1997, 233, 125-128.

Van Baak M, Leon H.J.Mayer, Roger E.S. Kempinski,Fred Hartgens. Effect of salbutamol on muscle strengh and endurance performance in nonasthmatic men. Med. Sci. Sports Exerc. 2000, 32, p 1300-1306.

Van Baak M, de Hon OM, Hartgens F, Kuipers H. Inhaled salbutamol and endurence cycling performance in non-asthmatic athletes. Int J Sports Med. 2004, 25, 533-538.

Virvidakis K, Georgio E, Korkotsidis A, Ntalles K, Proukakis C. Bone mineral content of junior competitive weighlifters. Int J sports Med. 1990, 11, 244-246.

Wager J, Fredholm BB, Lunell N-O, Persson B. Development of tolerance to oral salbutamol in the third trimester of pregnancy: a study of circulatory and metabolic effects. Br J Clin Pharmacol. 1981, 12, 489-495.

Wager J, Fredholm BB, Lunell N-O, Persson B. Metabolic and ciculatory effects of intravenous and oral salbutamol in late pregnancy in diabetic and non diabetic women. Acta Obstet Gynecol Scand. 1982, 108, 41-46.

Walker SR, Evans ME, Richards AJ, Paterson JW. The clinical pharmacology of oral and inhaled salbutamol. Clin pharmacol ther. 1972, 13, 861-867.

Winter RJD, Langford JA, Rudd RM. Effects of oral and inhaled salbutamol and oral pirbuterol on right and left ventricular function in chronic bronchitis. Br Med J. 1984, 288: 824-825.

Zeman RJ, Hirschman A, Hirschman ML, Guo G, Etlinger JD. Clenbuterol, a $\beta 2$-receptor agonist, reduces net bone loss in denervated hindlimbs. Am J Physiol Endocrinol Metab. 1991, 261, E285-E289.

Zeman RJ, Ludemann R, Easton TG et coll . Slow to fast alterations in skeletal muscle fibers caused by clenbuterol, a beta$_2$-receptor agonist. Am J Physiol. 1988, 254, E726-E732.

INDEX DES TABLEAUX

Tableau 1 : Effets métaboliques des catécholamines chez l'homme (Biochimie des activités physiques, Jacques R. Poortmans ; Nathalie Boisseau) 20

Tableau 2: Synthèse des études sur la prise de beta 2 mimétiques lors d'une administration par inhalation sur la performance chez l'homme 53

Tableau 3 : Synthèse des études sur la prise de beta 2 mimétiques lors d'une administration par voie orale sur la performance chez l'homme 55

Tableau 4 : Synthèse des études sur la prise de beta 2 mimétiques chez l'animal et leur conséquence sur le muscle squelettique 56

Tableau 5 : Différentes méthodes d'investigation du tissu osseux 65

Tableau 6 : Résultats anthropométriques chez le groupe entraîné (E) de sexe masculin 72

Tableau 7 : Résultats anthropométriques chez le groupe sédentaire (S) de sexe masculin 72

Tableau 8 : Résultats anthropométriques chez le groupe entraîné (E) de sexe féminin 73

Tableau 9 : Résultats anthropométriques chez le groupe sédentaire (S) de sexe féminin 73

Tableau 10 : Evolution des caractéristiques osseuses au cours des deux traitements chez le groupe entraîné (E) de sexe masculin 74

Tableau 11 : Evolution des caractéristiques osseuses au cours des deux traitements chez le groupe sédentaire (S) de sexe masculin 74

Tableau 12 : Evolution des caractéristiques osseuses au cours des deux traitements chez le groupe entraîné (E) de sexe féminin 75

Tableau 13 : Evolution des caractéristiques osseuses au cours des deux traitements chez le groupe sédentaire (S) de sexe féminin 75

Tableau 14 : Evolution des performances chez le groupe entraîné (homme) lors du test de Wingate 76

Tableau 15 : Evolution des performances chez le groupe sédentaire (homme) lors du test de Wingate 76

Tableau 16 : Evolution des performances chez le groupe entraîné (femme) lors du test de Wingate 77

Tableau 17 : Evolution des performances chez le groupe sédentaire (femme) lors du test de Wingate 77

Tableau 18 : Evolution des performances chez le groupe entraîné (femme) au cours de l'exercice maximal 78

Tableau 19 : Evolution des performances chez le groupe sédentaire (femme) au cours de l'exercice maximal 79

Tableau 20 : Evaluation des performances chez l'homme au cours du test de Wingate lors d'une prise aiguë de salbutamol. 86

Tableau 21 : Evaluation des performances chez la femme au cours du test de Wingate lors d'une prise aiguë de salbutamol. 87

Tableau 22 : Evaluation des performances chez la femme au cours de l'exercice maximal lors d'une prise aiguë de salbutamol. 88

Tableau 23 : Concentration deGH (ng/ml), d'insuline (ng/ml), de lactate (mmol/l), de glucose (mmol/l) suite à la prise aiguë de salbutamol lors du test submaximal, au repos, à la fin du test et lors de la récupération passive chez la femme. 95

INDEX DES FIGURES

Figure 1 : Représentation des effets physiologiques par le salbutamol (Allan H. et coll. 1989.
Salbutamol in the 1980s. A reappraisal of its Clinical Efficacy) 20

Figure 2 : Asthme bronchique (D'après atlas de Pharmacologie, Heinz Lüllmann, Klaus
Mohr,Médecine-Sciences, Flammarion, 2003) 24

Figure 3 : Schéma du traitement de l'asthme par niveaux ; substances recommandées pour les
adultes et les enfants au-dessus de cinq ans (D'après atlas de Pharmacologie, Heinz
Lüllmann, Klaus Mohr,Médecine-Sciences, Flammarion, 2003) 25

Figure 4 : Action métabolique des beta 2 mimétiques (D'après atlas de Pharmacologie, Heinz
Lüllmann, Klaus Mohr,Médecine-Sciences, Flammarion, 2003) 32

Figure 5: Anatomie microscopique d'une fibre musculaire squelettique (D'après Anatomie et
Physiologie humaines, Elaine N. Marieb, De Boeck, Université, 1999) 34

Figure 6 : Cycle de remodelage osseux 37

Figure 7 : Examen densitométrique du rachis lombaire (Hologic QDR-4500a ; colonne
lombaire) 66

Figure 8 : Examen densitométrique du col fémoral (Hologic QDR-4500a ; Hanche droite) .. 67

Figure 9 : concentration de lactate (mmol/L) chez l'homme lors du test de Wingate (moyenne
± SE) au repos, à la fin et lors de la récupération après traitement placebo et salbutamol
chez le groupe entraîné. 80

Figure 10 : concentration de lactate (mmol/L) chez l'homme lors du test de Wingate
(moyenne ± SE) au repos, à la fin et lors de la récupération après traitement placebo et
salbutamol chez le groupe sédentaire. 81

Figure 11 : concentration de leptine (ng/ml) chez l'homme au cours du Wingate test 82

Figure 12 : concentration de GH (ng/l) chez la femme lors du test de Wingate (moyenne ± SE)
au repos, à la fin et lors de la récupération après traitement placebo et salbutamol. 83

Figure 13: concentration d'insuline (ng/l) chez la femme lors du test de Wingate (moyenne ±
SE) au repos, à la fin et lors de la récupération après traitement placebo et salbutamol. 84

Figure 14 : concentration de lactate (mmol/L) chez la femme lors du test de Wingate
(moyenne ± SE) au repos, à la fin et lors de la récupération après traitement placebo et
salbutamol. 84

Figure 15 : Concentrations de GH (ng/l), d'insuline (ng/l) et des lactates (mmol/L), obtenues
au repos, à la fin de l'exercice maximal et au cours de la récupération sous placebo et
salbutamol chez la femme. 85

Figure 16 : Concentrations de GH(ng/ml) obtenues chez l'homme lors de la prise aigüe, au repos, à la fin de l'exercice et au cours de la récupération sous placebo et salbutamol lors du test de Wingate. 89

Figure 17 : Concentrations d'insuline (ng/l) obtenues chez l'homme lors de la prise aiguë, au repos, à la fin de l'exercice et au cours de la récupération sous placebo et salbutamol lors du test de Wingate. 89

Figure 18 : Concentrations de lactates (mmol/l) obtenues chez l'homme lors de la prise aiguë, au repos, à la fin de l'exercice et au cours de la récupération sous placebo et salbutamol lors du test de Wingate. 90

Figure 19 : Concentrations de glucose (g/l) obtenues chez l'homme lors de la prise aiguë, au repos, à la fin de l'exercice et au cours de la récupération sous placebo et salbutamol lors du test de Wingate. 90

Figure 20 : Concentrations de GH(ng/ml) obtenues chez la femme lors de la prise aiguë, au repos, à la fin de l'exercice et au cours de la récupération sous placebo et salbutamol lors du test de Wingate. 91

Figure 21 : Concentrations d'insuline(ng/ml) obtenues chez la femme lors de la prise aigüe, au repos, à la fin de l'exercice et au cours de la récupération sous placebo et salbutamol lors du test de Wingate. 92

Figure 22 : Concentrations d'ACTH (pg/ml) obtenues chez la femme lors de la prise aiguë, au repos, à la fin de l'exercice et au cours de la récupération sous placebo et salbutamol lors du test de Wingate. 92

Figure 23 : Concentrations de lactates (mmol/l) obtenues chez la femme lors de la prise aigüe, au repos, à la fin de l'exercice et au cours de la récupération sous placebo et salbutamol lors du test de Wingate. 93

Figure 24 : Concentrations de glucose (mmol/l) obtenues chez la femme lors de la prise aigüe, au repos, à la fin de l'exercice et au cours de la récupération sous placebo et salbutamol lors du test de Wingate. 93

ARTICLES

ARTICLE I

International Journal of Sports Medecine

Effects of Short-Term Salbutamol Ingestion During a Wingate Test

Key words: β_2-agonist – chronic intake – performance – supramaximal exercice – body composition

B. Le Panse[1], K. Collomp[1-2], H. Portier[1], AM. Lecoq[3], C. Jaffre[1], H. Beaupied[1], O. Richard[4], L. Benhamou[1], J. De Ceaurriz[2], D. Courteix[1]

[1] : LPM-IPROS, Faculté des Sports, Orléans, France
[2] : LNDD, Chatenay-Malabry, France
[3] : Service EFR, Hôpital de la Madeleine, Orléans, France
[4] : LMCN, UFR Sciences, Orléans, France

B. Le Panse[1]
K. Collomp[1,2]
H. Portier[1]
A.-M. Lecoq[1]
C. Jaffre[1]
H. Beaupied[1]
O. Richard[4]
L. Benhamou[1]
J. De Ceaurriz[2]
D. Courteix[1]

Effects of Short-Term Salbutamol Ingestion During a Wingate Test

Abstract

The effects of a chronic salbutamol intake (SAL, 12 mg/d during 3 weeks) on changes in body composition, metabolic indices and performance during a 30-second Wingate test were determined in 8 strength-trained male athletes (T) and 7 sedentary male (UT) subjects, according to a double-blind, randomized, cross-over protocol. Blood samples were collected both at rest, at the end of the test, and during passive recovery (5 min, 10 min, 15 min) for leptin (at rest) and blood lactate measurements. No significant changes in lean body mass, fat mass, and leptin were observed with SAL treatment in either group during the trial. Peak power was significantly increased (p < 0.05) after SAL intake in all subjects (T: 11.9%; UT: 8.3%) with a decrease in time to peak

power with SAL compared to placebo (PLA) (p < 0.05). There was no change in total work performed and in fatigue indices with SAL compared to PLA. Blood lactate was significantly increased after SAL vs. PLA during the recovery (p < 0.05) in all subjects. The data demonstrate that the chronic administration of therapeutic levels of salbutamol increases maximal anaerobic power in man, irrespective of the subjects' training status. This study also rules out any implication of an anabolic effect in this improvement in performance during supramaximal exercise. Further studies are necessary to clarify the mechanisms involved.

Key words
β_2-agonist · chronic intake · performance · supramaximal exercise · body composition

Introduction

Because of an anabolic potency of β_2-agonists, the International Olympic Committee and the World Antidoping Agency [8] prohibited their systemic use in their doping list. Indeed, this class of drug is acknowledged to induce significant changes in body composition. Chronic administration of specific β_2-adrenergic agonists, especially clenbuterol and salmeterol, has been shown to increase skeletal muscle strength and size in several species following relatively short periods of administration [4, 19 – 21]. In addition, chronic treatment with β_2-agonist was associated with a decline in body fat [2,16,20,21] and circulating concen-

trations of leptin [16] in animals, with a possible direct inhibition in leptin gene expression [11] by this class of drug.

To our knowledge, only a few studies have examined the effects of chronic oral salbutamol intake in healthy non-asthmatic human subjects on body composition and a possible relationship with performance during anaerobic exercise. As a matter of fact, there are two studies [5,13] which demonstrate that chronic salbutamol intake does not lead to any change in body weight and body composition but does increase voluntary muscle strength in man during static exercise. In a precedent study (unpublished results), we tested the effects of salbutamol (12 mg/d for 3 weeks)

Affiliation
[1] LPM-IPROS, Faculté des Sports, Orléans, France
[2] LNDD, Chatenay-Malabry, France
[3] Service RFR, Hôpital de la Madeleine, Orléans, France
[4] LMCN, UFR Sciences, Orléans, France

Correspondence
Katia Collomp · Laboratoire de la Performance Motrice, Faculté du Sport et de l'Education Physique · Rue de Vendôme, BP 6237 · 45062 Orléans Cedex 2 · France · Phone: +02 38 41 71 78 · Fax: +02 38 41 72 60 · E-mail: katia.collomp@univ-orleans.fr

Accepted after revision: May 20, 2004

Bibliography
Int J Sports Med 2005; 26: 518 - 523 © Georg Thieme Verlag KG · Stuttgart · New York
DOI 10.1055/s-2004-821224 · Published online September 27, 2004 ·
ISSN 0172-4622

during a Force/Velocity test and found a significant increase in peak power in 8 subjects engaged in endurance or collective recreational sports, with an apparent magnitude of response depending on the physical status of the subjects. However, no other published information on the effects of chronic systemic administration of salbutamol in healthy humans is available for anaerobic dynamic exercise.

The major purpose of the present study was therefore to examine whether there is a relationship between any change in body composition and performance results after chronic salbutamol intake at therapeutic dosage (12 mg/d for 3 weeks) during a supramaximal anaerobic Wingate test in healthy male volunteers.

Body weight, lean mass, fat mass were all monitored in this study. In addition, as plasma leptin concentrations are strongly linked to fat mass in humans [7], and, in view of the potential role of β_2-agonists in the regulation of leptin gene expression [11], basal leptin concentrations were investigated after placebo and salbutamol treatments.

In parallel, conventional performance indices were determined during the Wingate test after both treatments. Furthermore, in order to determine any potential impact by the subjects' training status, this work investigated the various aforementioned parameters in two groups of subjects: strength-trained and sedentary.

Methods

Subjects

Eight trained male athletes (T), actively involved in a strength-training programme two to three times per week for at least 2 years, and 7 sedentary male subjects (UT) agreed to participate in the study after being informed of the nature of the experiments. Each subject signed a consent form that outlined possible risks due to the procedure. The protocol was approved by the Ethics Committee of the Tours Hospital. They reported their medical history and performed a physical examination. Subjects with a history of bronchospasm or atopy were excluded. Exclusion criteria included respiratory tract infection during the previous month, regular use of tobacco, regular use of any medical drug, contra-indication to salbutamol, recognized asthma or allergy during the 5 years prior to the study, or a restriction in forced expiratory volume during one second (FEV_1) of more than 10% after incremental maximal exercise. Their physical characteristics at the start of the study are presented in Table 1.

Subjects were asked to maintain similar exercise patterns and normal food intake throughout the duration of the experiments and to abstain from intense exercise and any caffeine and alcohol 24 hours before each trial.

Exercise

The 30-s Wingate test protocol was performed on a Monark pan load bicycle ergometer with a resistance of 0.075 kg · (kg body mass)$^{-1}$ as recommended.

Table 1 Descriptive characteristics of the trained (T) and untrained (UT) groups (means ± SE) at the beginning of the study

	T	UT
Age (yr)	29.1 ± 2.2	30.5 ± 2.6
Height (cm)	177.8 ± 2.0	172.5 ± 1.8
Total body weight (kg)	79.2 ± 4.3	69.4 ± 4.3
Body fat (%)	16.6 ± 1.5	15.7 ± 2.3
Fat tissue mass (kg)	13.0 ± 1.7	11.4 ± 2.6
Lean tissue mass (kg)	63.1 ± 2.8	55.3 ± 2.5*

* Significant difference between T and UT subjects ($p < 0.05$)

Prior to the start of each Wingate test, the saddle height, handlebar height, and distance between saddle and handlebar were adjusted to the patients' leg and arm lengths (comfortable cycling height). These individual bicycle specifications were retained throughout the whole of the experiment. Subjects were requested to remain seated during the Wingate trials. They were also instructed to pedal as fast as possible from a dead stop and to maintain maximal pedalling speed throughout the 30-s period. During the test, the revolutions were determined using a magnetic switch and magnets mounted on the wheel of the ergometer. Revolutions were recorded by a computer and used in the calculation of the power variables. The magnets were checked prior to every test session to make sure that the magnets and switch were producing a signal that was received and recorded by the computer. At the end of the Wingate test, rpm and resistance were used to calculate:
- peak power (PP), i.e., the highest power output achieved during the 30-s sprint, the product of force (F_{PP}) and velocity (V_{PP});
- mean power (MP), i.e., the average power output over the 30-s sprint;
- time to peak power (TTPP), i.e., the time between the start of the sprint test and the time at which PP is recorded and
- the fatigue index (FI), i.e., the difference between PP and the lowest power divided by PP.

Familiarization of subjects with the protocol and reproducibility of the test were improved by asking the subject to perform an additional supramaximal anaerobic Wingate test trial ride in the two weeks prior to the actual experiment.

Drug

The double blind, randomized cross-over study consisted of two 3-week treatments, i.e. placebo [PLA] and salbutamol [SAL] for each subject, separated by a 4-week drug-free washout period. PLA (gelatin) and SAL (trade name: SALBUMOL 2 mg, tablet, Glaxo-Wellcome Laboratory, Paris, France) were packaged in identical capsules. During the experimental periods, the subjects received 3 capsules daily of either PLA or SAL (4 mg, i.e., 2 tablets per capsule), one capsule at 8:00am, one at 12:00 pm and one at 5:00pm. Regular capsule intake was confirmed through verbal questioning each week and prior to each trial. Subjects were also asked as to their knowledge of which of the two treatments they received first and were unable to report any difference ex-

Le Panse B et al. Albuterol and Supramaximal Exercise ... Int J Sports Med 2005; 26: 518 – 523

cept two, who mentioned some overexcitation and palpitations after SAL treatment.

Trials to exhaustion were performed on the 22nd day of each treatment after a final capsule ingestion of either PLA or SAL.

Body composition
Body weight and body composition were assessed 4 times, before and at the end of each treatment.

Body composition (fat and lean mass) was determined by dual energy X-ray absorptiometry (DEXA- Hologic QDR 1000/W; Hologic, Waltham, MA) using a standardized procedure [9]. The *in vivo* coefficient of variation (CV) was less than 2% in our laboratory.

Experimental protocol
The protocol for each trial was identical. Trials were held at the same time of day (10:30 am – 11:30 am) for each subject in order to prevent diurnal variations in hormonal responses. On the day of the experiment, subjects reported to the laboratory at 9:00 am – 10:00 am, two hours after ingesting a capsule containing either PLA or SAL (4 mg) and one hour after ingesting a light meal, which was standardized and identical for each trial. Dietary consistency (2 slices of bread and butter, 50 g of cheese, and 300 ml of unsweetened orange juice totalling about 2100 kJ) was confirmed through self-reported diet records and questioning before each trial. After insertion of a catheter into a superficial forearm vein (9:30 am – 10:30 am), subjects warmed up with light cycling exercise. An accurate record was kept of the duration intensity of the warm-up on the first trial (about 2 min) which was identical for all trials and was not considered as part of the total exercise time. The subjects then rested, and, at 10:30 am–11:30 am performed a 30-s Wingate anaerobic power test. Blood samples were taken at rest, at the end of the Wingate test, at 5, 10, and 15 min of recovery.

Blood analyses
Blood samples (2 ml at rest, 1 ml after exercise and during recovery) were promptly centrifuged, 10 min at 4°C, 3000 rpm, transferred in a chilled EDTA-aprotinin tube for blood lactate (LAC), and leptin (Lep, at rest) analysis and stored at −72°C until assays. ELISA (Enzyme-Linked Immunosorbent Assay) tests were used for the basal leptin measurements (kits from IBL, Germany). Blood lactate was analyzed by electro-enzymatic method (Microzym, Biosentec, France). All assays were analysed in duplicate and mean values were used. Coefficients of variation (inter- and intra-assay) for all parameters were always < 10%.

Statistics
Data are presented as mean values ± standard error of the mean (SE)
An independent t-test was used to evaluate the differences in subject characteristics between groups at the start of the study.

A specific test for cross-over trials was used to determine whether there were any significant differences between PLA and SAL performance parameters.

Table 2 Physical characteristics for trained (T) and untrained (UT) subjects before and after placebo (PLA) and salbutamol (SAL) treatment

Physical characteristics	T	UT
Whole body weight (kg)		
– *before PLA*	78.9±4.3	69.4±4.2
– *after PLA*	79.2±4.3	70.0±4.2
– *before SAL*	79.4±4.2	69.3±4.4
– *after SAL*	79.5±4.2	69.8±4.6
Fat tissue mass (kg)		
– *before PLA*	13.0±1.8	11.4±2.4
– *after PLA*	12.3±1.6	11.8±2.5
– *before SAL*	13.1±1.6	11.3±2.6
– *after SAL*	13.0±1.6	11.4±2.5
Lean tissue mass (kg)		
– *before PLA*	62.8±2.8	55.3±2.5*
– *after PLA*	63.8±2.7	55.3±2.4*
– *before SAL*	63.3±3.0	55.3±2.5*
– *after SAL*	63.4±2.9	55.8±2.6*

* Significant difference between T and UT subjects (p < 0.05)

Differences in leptin concentrations among the trials were analyzed with a two-way analysis of variance. Differences in body composition and in blood lactate between the trials were analyzed with a two-way analysis of variance with repeated measurements. A post-hoc Newman-Keuls test was performed to determine the location of the differences, in the event of an ANOVA revealing a significant main effect.

Correlation coefficients were calculated using the least squares method.

The null hypothesis was rejected at p < 0.05.

Results

Body composition
Physical characteristics for T and UT subjects are given in Table 1. At the beginning, there were no differences between groups in body weight, fat mass (kg), and percent fat mass. In contrast, lean mass was significantly higher in T subjects than in UT subjects (p < 0.05). No difference was obtained in all parameters investigated after either SAL or PLA treatment (Table 2).

Performance during the 30-second Wingate cycle ergometer test (Table 3)
No rank order effect was detected. Whatever the treatment administered, PP, PP normalized by kg of body weight, F_{PA} and PM appeared significantly higher in T than in UT subjects (p < 0.05). No significant difference, between the two groups, was noted for V_{PP} or FI.

Le Panse B et al. Albuterol and Supramaximal Exercise … Int J Sports Med 2009; 26: 518–523

Table 3 Performance during the Wingate test after placebo (PLA) and salbutamol (SAL) treatment (means ± SE) in trained (T) and untrained (UT) subjects

Performance Indices	PLA	SAL
Peak power (W)		
- T	939.1 ± 70.7	1050.6 ± 47.9 *
- UT	718.6 ± 44.5 +	778.0 ± 69.6 + *
Peak power (W/kg)		
- T	11.7 ± 0.6	13.2 ± 0.5 *
- UT	10.5 ± 0.8 +	11.1 ± 0.7 + *
Mean power (W)		
- T	615.5 ± 42.9	636.0 ± 24.7
- UT	472.7 ± 31.8 +	473.3 ± 39.2 +
Force$_{peak power}$ (N)		
- T	73.9 ± 3.4	89.1 ± 5.1 *
- UT	64.1 ± 3.8 +	67.2 ± 4.7 + *
Velocity$_{peak power}$ (rpm)		
- T	125.9 ± 4.5	119.8 ± 5.7
- UT	113.7 ± 5.2	114.0 ± 5.2
Time to peak power (s)		
- T	3.1 ± 0.2	2.0 ± 0.3 *
- UT	3.8 ± 0.7	2.8 ± 0.4 *
Fatigue index (%)		
- T	53.4 ± 2.5	58.4 ± 2.7
- UT	54.7 ± 2.3	59.1 ± 2.4

* Significant difference between PLA and SAL (p < 0.05); + significant difference between T and UT subjects (p < 0.05)

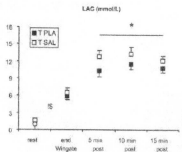

Fig. 1 Lactate concentrations (means ± SE) at rest, at the end, and during passive recovery after placebo (PLA) and salbutamol (SAL) treatment in trained (T) subjects. * Significant difference between PLA and SAL (p < 0.05). ‖ Start of significant difference compared to basal values after PLA (p < 0.05). § Start of significant difference compared to basal values after SAL (p ≤ 0.05).

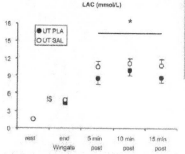

Fig. 2 Lactate concentrations (means ± SE) at rest, at the end, and during passive recovery after placebo (PLA) and salbutamol (SAL) treatment in untrained (UT) subjects. * Significant difference between PLA and SAL (p < 0.05). ‖ Start of significant difference compared to basal values after PLA (p < 0.05). § Start of significant difference compared to basal values after SAL (p < 0.05).

Under SAL, there was a significant increase in PP (W/kg) and in PP (W) vs. PLA for both T (11.9%) and UT (8.3%) subjects (p < 0.05). Also, a significant increase in F_{PP} without change in V_{PP} was found in all subjects with SAL (p < 0.05). Moreover, TTPP was significantly decreased for T and UT subjects under SAL vs. PLA (p < 0.05). No significant change in MP or in FI was observed.

Blood analysis
Lactate (Figs. 1 and 2)
The ANOVA revealed a significant group effect on LAC concentrations, with significantly higher blood lactate concentrations in T compared to UT subjects (p < 0.05) at the end of exercise and during recovery.

Basal LAC concentrations were significantly increased at the end of the Wingate test and during all the recovery after both PLA and SAL treatment in all subjects (p < 0.05).

In parallel, SAL significantly increased 5 min-post, 10 min-post, and 15 min-post exercise blood LAC concentrations compared to PLA (p < 0.05) in all subjects.

Leptin
Basal blood leptin concentrations were not different between the groups (T/UT) and no significant change was induced either by the SAL treatment (PLA: Lep$_T$: 4.6 ± 1.3; Lep$_{UT}$: 4.8 ± 1.3; SAL: Lep$_T$:

5.5 ± 1.2; Lep$_{UT}$: 5 ± 1.3 ng · ml⁻¹. There was a significant correlation between leptin and fat mass in T and UT subjects after both PLA and SAL (r = 0.73, p < 0.001) (Fig. 3).

Discussion

The main finding of the present study is that the short-term oral administration at therapeutic dosage (12 mg/day for 3 weeks) of the sympathomimetic drug salbutamol significantly improved

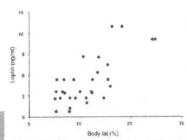

Leptin (ng/ml) vs Body fat (%)

Fig. 3 Correlation between leptin concentrations and body fat (%) after placebo (PLA) and salbutamol (SAL) treatment in trained (T) and untrained (UT) subjects.

anaerobic peak power during a Wingate test regardless of the subjects' training status. Anabolic effects cannot be implicated in this ergogenic effect in view of the lack of change in body composition.

It is well established that resistance training exerts a strong effect on muscle [1, 3, 10, 15]. It therefore seems logical to assume that our strength-trained subjects have significantly more lean mass at the beginning of the study than our sedentary subjects. However, despite this higher lean mass in trained subjects, we did not find any significant difference in body weight or in fat mass (total or in %) between trained and untrained subjects at the start of the experiment. SAL intake did not significantly alter any parameters in body composition. Indeed, there was no significant change either in T or in UT subjects in terms of lean mass, fat mass, and body weight after SAL treatment. At first sight, these results appeared to contradict the previous studies conducted with animals. Indeed, most animal experiments show that β₂-agonist administration, especially clenbuterol and salmeterol, leads to skeletal muscle hypertrophy [2, 19, 20]. This anabolic effect has been postulated to be mediated through β₂-adrenoceptor stimulation. However, the subsequent events leading to anabolic actions in muscle protein deposition remain unclear. Hypothesized mechanisms include alterations in resting potential, Ca²⁺ myosin ATPase and contractile properties [22], and several indirect mechanisms such as changes in hormonal profile and in protein synthesis or reduction in muscle protein degradation [14] have been proposed. This anabolic effect on skeletal muscle was, however, only found after IV salbutamol administration with implanted minipumps [4]. In contrast, this anabolic effect was not found after oral salbutamol intake either in animals or humans [5, 13], possibly because of its short half-life time of elimination [17]. Our results also rule out any anabolic effect of salbutamol in the present work. Therefore, in view of the discrepancy between the studies, it might be suggested that the dosage, the route of administration, as well as the half-life of the substances may play an important part in the anabolic potency of β₂-agonists. Anyway, it appears that salbutamol did not possess a potent anabolic effect *in vivo* in humans after oral intake. In parallel, a number of animal studies [2, 16, 20, 21] demon-

strated a significant decrease in fat mass after chronic beta-agonist administration, with a possible direct inhibition in leptin gene expression [11]. However, although we found a high correlation for all subjects between leptin and percent fat mass, we did not find any change in fat mass or in basal leptin concentrations after SAL intake. In view of the results obtained here, it appears that short-term salbutamol administration in therapeutical dosage did not interact with leptin secretion, at least under the conditions of the study and did not result in repartitioning effects in healthy humans.

The values of the indices of performance generated by our subjects, i.e., peak power, total work performed, and the fatigue index were similar to those values reported for males during the Wingate test. The test is generally considered to be reliable and is currently considered as the best laboratory test for maximal anaerobic investigation.

Our results on improvement in peak power confirmed our previous results during a Force/Velocity test (unpublished results) and are in agreement with the two previous studies of Caruso et al. [5] and Martineau et al. [13]. Indeed, the authors demonstrated an increase in voluntary muscle strength in humans after a comparable administration of salbutamol. In this study, we found under SAL a higher force developed combined with a decrease in time to peak power compared to PLA. The other performance indices were not altered by chronic SAL intake. Because we did not find any significant changes in body composition, it seems that we can rule out any implication of an anabolic effect in this improvement in peak power. However, precisely how SAL treatment may have enhanced maximal anaerobic power is not clear. As, after acute SAL intake, both central and peripheral effects may be suggested. Indeed, it has been postulated that salbutamol exerts central effects mediated through increased serotonergic activity and/or brain beta-2 receptors [18]. On the other hand, other research suggests sympathomimetic agents such as β₂ agonists result in greater calcium efflux from the sarcoplasmic reticulum in skeletal muscle, causing the formation of greater numbers of cross-bridges [5].

Blood lactate appeared to be significantly increased after the Wingate test, with significantly higher values in T compared to UT subjects. These results are in accordance with earlier reports establishing that sprint training resulted in increased involvement of glycolytic processes [12] during supramaximal exercise. Because we found significantly higher recovery blood lactate concentration after SAL treatment in all subjects vs. PLA treatment, it might be suggested that salbutamol intake may induce direct or indirect actions leading to glycogenolysis stimulation during this type of exercise. However, because blood lactate is only an indirect reflect of the muscle lactate production, we cannot eliminate the hypothesis of a greater muscle lactate output under SAL without any change in lactate production.

In conclusion, the data demonstrate that chronic administration of therapeutic levels of salbutamol increases maximal anaerobic power in healthy humans, irrespective of the subjects' training status. This study also rules out any involvement of an anabolic effect in this improvement in performance during supramaximal exercise. Further studies are necessary to clarify the mechanisms (central and/or peripheral) involved.

Acknowledgements

The authors wish to express their gratitude to the subjects for their dedicated performance. In addition we likewise thank the "Hôpital de la Madeleine", Mrs Emmanuelle Martinet, and Pr. Mario Bedu (Laboratoire de physiologie à l'exercice, Faculté de Médecine Clermont-Ferrand) for their assistance.

References

[1] Aizawa K, Akimoto T, Inoue H, Kimura F, Joo M, Murai F, Mesak M. Resting serum dehydroepiandrosterone sulfate level increases after 8-week resistance training among young females. Eur J Appl Physiol 2003; 90: 575–580

[2] Baker P, Dalrymple R, Ingle D, Ricks C. Use of an adrenergic agent to alter muscle and fat disposition in lambs. Fed Proc 1983; 42: 816

[3] Candow D, Chilibeck P, Burke D, Davison K, Smith-Palmer T. Effect of glutamine supplementation combined with resistance training in young adults. Eur J Appl Physiol 2001; 86: 142–149

[4] Carter W, Lynch M. Comparison of the effects of salbutamol and clenbuterol on skeletal muscle mass and carcass composition in senescent rats. Metabolism 1994; 43: 1119–1125

[5] Caruso J, Signorile J, Perry A, Leblanc B, Williams R, Clark M, Bamman M. The effects of albuterol and isokinetic exercise on the quadriceps muscle group. Med Sci Sports Exerc 1995; 27: 1471–1476

[6] Choo J, Horan M, Little R, Rothwell N. Anabolic effects of clenbuterol on skeletal muscle are mediated by β₂-adrenoceptor activation. Am J Physiol 1992; 263: 50–56

[7] Hulver M, Houmard J. Plasma leptin and exercise. Sports Med 2003; 33: 473–482

[8] International Olympic Committee and WADA list of doping classes and methods, 2003

[9] Jaffré C, Courteix D, Dine G, Lac G, Delamarche P, Benhamou L. High-impact loading training induces bone hyperresorption activity in young elite female gymnasts. J Pediatric Endocrinol Metab 2001; 14: 75–83

[10] Kraemer W, Ratamess N, French D. Resistance training for health and performance. Curr Sports Med Rep 2002; 1: 165–171

[11] Li H, Matheny M, Scarpace P. β₃-Adrenergic-mediated suppression of leptin gene expression in rats. Am J Physiol 1997; 272: 1031–1036

[12] Linossier M, Denis C, Dormois D, Geyssant A, Lacour JR. Ergometric and metabolic adaptation to a 5-s sprint training programme. Eur J Appl Physiol 1993; 67: 408–414

[13] Martineau L, Horan M, Rothwell N, Little R. Salbutamol, a β₂-adrenoceptor agonist, increases skeletal muscle strength in young men. Clin Sci 1992; 83: 615–621

[14] Martinez J, Portillo M, Larralde J. Anabolic actions of a mixed β-adrenergic agonist on nitrogen retention and protein turnover. Horm Metab Res 1991; 23: 590–593

[15] McBride J, Blaak J, Triplett-Mc Bride T. Effect of resistance exercise volume and complexity on EMG, strength and regional body composition. Eur J Appl Physiol 2003; 90: 626–632

[16] McManus C, Fitzgerald B. Effect of daily clenbuterol and exogenous melatonin treatment on body fat, serum leptin and the expression of seasonal anestrus in the mare. Anim Rep Sci 2003; 76: 217–230

[17] Moore N, Pegg G, Sillence M. Anabolic effects of the β₂-adrenoceptor agonist salmeterol are dependent on route of administration. Am J Physiol 1994; 30: 475–484

[18] Price A, Clissold S. Salbutamol in the 1980s. A reappraisal of its clinical efficacy. Drugs 1989; 38: 77–122

[19] Reeds P, Hay S, Dorward P, Palmer R. Stimulation of muscle growth by clenbuterol: lack of effect on muscle protein biosynthesis. Br J Nutr 1986; 56: 249–258

[20] Reeds P, Hay S, Dorward P, Palmer R. The effects of β-agonists and antagonists on muscle growth and body composition of young rats. Comp Biochem Physiol 1988; 89: 337–341

[21] Ricks C, Dalrymple R, Baker P, Ingle D. Use of a β-agonist to alter fat and muscle deposition in steers. J Anim Sci 1984; 59: 1247–1255

[22] Yang Y, McElligott M. Multiple actions of β-adrenergic agonists on skeletal muscle and adipose tissue. Biochem J 1989; 261: 1–10

Physiology & Biochemistry

Le Panse B et al. Albuterol and Supramaximal Exercise … Int J Sports Med 2005; 26: 518–523

- 134 -

ARTICLE II

International Journal of Sports Medecine

Effects of Acute Salbutamol Intake During a Wingate Test

Key words: β_2-agonist – acute intake – performance – supramaximal exercice – hormone – lactate

K. Collomp[1-2], B. Le Panse[1], H. Portier[1], AM. Lecoq[3], C. Jaffre[1], H. Beaupied[1], O. Richard[4], L. Benhamou[1], D. Courteix[1], J. De Ceaurriz[2]

[1] : LPM-IPROS, Faculté des Sports, Orléans, France
[2] : LNDD, Chatenay-Malabry, France
[3] : Service EFR, Hôpital de la Madeleine, Orléans, France
[4] : LMCN, UFR Sciences, Orléans, France

K. Collomp[1,2]
B. Le Panse[1]
H. Portier[1]
A.-M. Lecoq[3]
C. Jaffre[1]
H. Beaupied[1]
O. Richard[4]
L. Benhamou[1]
D. Courteix[1]
J. De Ceaurriz[2]

Effects of Acute Salbutamol Intake During a Wingate Test

Abstract

To investigate the impact of acute salbutamol intake on performance and selected hormonal and metabolic variables during supramaximal exercise, 13 recreational male athletes performed two 30-second Wingate tests after either placebo (PLA, lactose) or salbutamol (SAL, 4 mg) oral administration, according to a double-blind and randomized protocol. Blood samples collected at rest, end of the Wingate test, recovery (5, 10, 15 min) were tested for growth hormone (GH), insulin (INS), blood glucose (GLU) and lactate determination. We found the peak and mean power performed significantly increased after SAL vs. PLA (PPSAL: 896 ± 46; PPPLA: 819 ± 57 W; MPSAL: 585 ± 27; MPPLA: 534 ± 35 W, $p < 0.05$), whereas no change was observed in the fatigue index. Blood glucose and INS were significantly increased by SAL at rest, at the end of the Wingate test, and during the 5 first minutes of recovery ($p < 0.05$). Plasma GH was significantly decreased by SAL ($p < 0.05$) during the recovery whereas end-exercise and recovery blood lactate tended but were not significantly increased after SAL vs. PLA. From these data, acute salbutamol intake at therapeutical dosage did appear to improve peak power and mean power during a supramaximal exercise, but the mechanisms involved need further investigation.

Key words

β_2-agonist · acute intake · performance · supramaximal exercise · hormone · lactate

Introduction

Salbutamol, a β_2-adrenoceptor agonist, is widely used for the prevention and reversal of symptoms of asthma. Due to its alleged anabolic capacity [13,14], the IOC and the WADA strictly regulate the use of salbutamol. Thus, athletes are allowed to use salbutamol by inhaler when prescribed by a physician, whereas the systemic use was banned with a urinary threshold presently fixed at 1000 ng/ml [7]. Controversies remain, however, as to whether elite athletes who use β_2-agonists may also gain a competitive advantage during supramaximal exercise after acute intake. Indeed, it is well known that potential anabolic properties of β_2-agonists required chronic administration, however, some authors have reported an improvement in peak power during supramaximal exercise after acute salbutamol inhalation [17]. Using systemic administration at therapeutical dosage, Van Baak et al. [19] demonstrated that an acute oral salbutamol intake (4 mg) significantly increased isokinetic strength of the knee flexors and extensors. Similary, we found in a precedent study (unpublished results) that about the same acute administration of oral salbutamol intake (6 mg) significantly improved peak power during a Force/Velocity test compared to placebo with higher blood lactate concentrations in parallel.

Affiliation
[1] LPM-IPROS, Faculté des Sports, Orléans, France
[2] LNDD, Chatenay-Malabry, France
[3] Service EFR, Hôpital de la Madeleine, Orléans, France
[4] LMCN, UFR Sciences, Orléans, France

Correspondence
Katia Collomp · Laboratoire de la Performance Motrice, Faculté du Sport et de l'Education Physique · Rue de Vendôme, BP 6237 · 45062 Orléans Cedex 2 · France · Phone: +023841 7178 · Fax: +0238 417260 · E-mail: katia.collomp@univ-orleans.fr

Accepted after revision: May 20, 2004

Bibliography
Int J Sports Med 2004; 25: 1 – 5 © Georg Thieme Verlag KG · Stuttgart · New York
DOI 10.1055/s-2004-821223
ISSN 0172-4622

No other information on salbutamol effects after acute systemic administration during supramaximal exercise has been published. The hormonal and/or metabolic effects of SAL intake may, however, be expected to have an influence on anaerobic performance. Indeed, the involvement – both direct and indirect – of β2-adrenoceptors in different metabolic pathways is well known. Both intravenous and oral forms of salbutamol have been shown to stimulate liver and muscle glycogenolysis [18]. Similarly, hyperglycaemia and hyperinsulinaemia have often been reported as being associated with the acute use of β-adrenergic agonists [15,20]. Studies on humans also indicate that salbutamol modifies exercise GH secretion both in patients with asthmatic bronchitis and in healthy athletes [3,4].

The present study was therefore designed to test the hypothesis that acute oral salbutamol intake (4 mg) improves performance during a 30-s supramaximal Wingate test in a group of healthy non-asthmatic volunteers. Furthermore, hormonal (insulin, growth hormone) and metabolic parameters (blood glucose and lactate) were monitored in this study.

Methods

Subjects

Thirteen sedentary or recreational male weightlifting athletes (with sports participation between 1 to 3 times per week) agreed to participate in the study after being informed of the nature of the experiments. Each subject signed an informed consent form that outlined possible risks due to the procedure. The protocol was approved by the Ethics Committee of the Tours Hospital. They reported their medical history and we performed a physical examination. Subjects with a history of bronchospasm or atopy were excluded. Exclusion criteria included respiratory tract infection during the previous month, regular use of tobacco, regular use of any medical drug, contra-indication to salbutamol, recognized asthma or allergy during the 5 years prior to the study, or a restriction in forced expiratory volume during one second (FEV_1) of more than 10% after incremental maximal exercise. Subjects were 31.2 ± 1.6 (SE) years of age and weighed 74.4 ± 3.3 kg. They were asked to maintain similar exercise patterns and normal food intake throughout the duration of the experiments and to abstain from intense exercise and any caffeine and alcohol 24 hours before each trial.

Exercise

The 30-s Wingate test protocol was performed on a Monark pan load bicycle ergometer with a resistance of 0.075 kg·(kg body mass)$^{-1}$ as recommended.

Prior to the start of each Wingate test, the saddle height, handlebar height, and distance between saddle and handlebar were adjusted to the patients' leg and arm lengths (comfortable cycling height). These individual bicycle specifications were retained throughout the whole of the experiment. Subjects were requested to stay seated during the Wingate trials. They were also instructed to pedal as fast as possible from a dead stop and to maintain maximal pedalling speed throughout the 30-s period. During the test, the revolutions were determined using a magnetic switch and magnets mounted on the wheel of the ergom-

eter. Revolutions were recorded by a computer and used in the calculation of the power variables. The magnets were checked prior to every test session to make sure that the magnets and switch were producing a signal that was received and recorded by the computer. At the end of the Wingate test, rpm and resistance were used to calculate: – peak power (PP), i.e., the highest power output achieved during the 30-s sprint, the product of force (F_{PP}) and velocity (V_{PP}); – mean power (MP), i.e., the average power output over the 30-s sprint, – time to peak power (TTPP), i.e., the time between the start of the sprint test and the time at which PP is recorded and – the fatigue index (FI), i.e., the difference between PP and the lowest power divided by PP.

Familiarization of subjects with the protocol and reproducibility of the test were improved by asking the subject to perform an additional supramaximal anaerobic Wingate test trial ride in the two weeks prior to the actual experiment.

Drug

Salbutamol (SAL, trade name: SALBUMOL 2 mg, Glaxo-Wellcome Laboratory, Paris, France) and placebo (PLA, lactose) were packaged in identical gelatin capsules in order to allow a double-blind administration.

Salbutamol (4 mg) was administered 3 h prior to the test, when maximal pharmacological activity was expected.

The two treatments (SAL; PLA) were administered to each subject according to a randomized cross-over study. Each trial was separated by a three- to four-week interval.

Experimental protocol

The protocol for each trial was identical

Trials were held at the same time of day (10:30 AM – 11:30 AM) for each subject in order to prevent diurnal variations in hormonal responses [9]. On the day of the experiment, subjects reported to the laboratory at 9:00 AM – 10:00 AM, two hours after ingesting a capsule containing either PLA or SAL (4 mg) and one hour after ingesting a light meal, which was standardized and identical for each trial. Dietary consistency (2 slices of bread and butter, 50 g of cheese and 300 ml of unsweetened orange juice totalling about 2100 kJ) was confirmed through self-reported diet records and questioning before each trial. After insertion of a catheter into a superficial forearm vein (9:30 AM – 10:30 AM), subjects warmed up with light cycling exercise. An accurate record was kept for the duration intensity of the warm-up on the first trial (about 2 min) which was identical for all trials and was not considered as part of the total exercise time.

The subjects then rested, and, at 10:30 AM – 11:30 AM performed a 30-s Wingate anaerobic power test. Blood samples were taken at rest, at the end of the Wingate test, at 5, 10, and 15 min of passive recovery.

Blood analyses

Blood samples (4 ml) were transferred to a EDTA-aprotinin tube for growth hormone (GH), insulin (INS), blood glucose (GLU), and lactate (LAC) analysis.

Collomp K et al. Albuterol and Supramaximal Exercise ... Int J Sports Med 2004; 25: 1 – 5

- 138 -

Table 1 Performance responses after placebo (PLA) and acute salbutamol (SAL) intake during the Wingate test

Performance Indices (Mean ± SE)	PLA	SAL
Peak power (W)	819.1 ± 57.1	896.5 ± 46.3 *
Mean power (W)	534.4 ± 35.0	584.8 ± 26.9 *
Force$_{peak\ power}$ (N)	69.7 ± 3.1	73.8 ± 2.8 *
Velocity$_{peak\ power}$ (rpm)	117.1 ± 4.7	129.7 ± 2.7
Time to peak power (s)	3.03 ± 0.18	2.55 ± 0.19 *
Fatigue index (%)	54.2 ± 1.9	53.4 ± 1.7

* Significant difference between PLA and SAL (p < 0.05)

All samples were promptly centrifuged, 10 min at 4 °C, 3000 rpm, separated and stored at –72 °C until assays. ELISA (Enzyme-Linked Immunosorbent Assay) tests were used for the GH and INS analysis (kit from IBL, Germany). Blood lactate and glucose were analyzed by electro-enzymatic method (Microzym, Biosentec, France). All assays were analyzed in duplicate and mean values were used. Coefficients of variation (inter- and intra-assay) for all parameters were always < 10 %.

Statistics
Data are presented as mean values ± standard error of the mean (SE)
A specific test for crossover trials was used to determine whether significant differences existed between PLA and SAL performance parameters.

Differences in blood parameters between the trials were analyzed with a one-way analysis of variance with repeated measurements. A post-hoc Newman-Keuls test was performed to determine the location of the differences, in the event of an ANOVA revealing a significant main effect.

Statistical significance was accepted at the 0.05 level.

Results

Performance responses (Table 1)
No rank order effect was detected. PP was significantly increased after SAL intake vs. PLA (p < 0.05) with a significant decrease in TTPP (p < 0.05). F$_{pp}$ was significantly increased under SAL (p < 0.05) without significant change in V$_{pp}$. Similarly, MP was significantly higher with SAL (p < 0.05). No change in FI was noted with SAL compared to PLA.

Hormonal concentrations (Figs. 1 and 2)
Insulin (Fig. 1)
An interaction effect in the ANOVA was found between time and treatment (p < 0.001). Basal INS concentrations were not modified at the end of exercise and for the whole 15 min of passive recovery after PLA administration whereas there was a significant decrease in rest INS concentrations after the Wingate test and during recovery with SAL intake (p < 0.05).

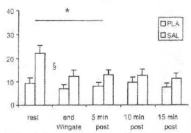

INS (mIU/l)

Fig. 1 Insulin (INS) (means ± SE) at rest, at the end of the Wingate test, and during passive recovery (5 min, 10 min, and 15 min post exercise) after placebo (PLA) and salbutamol (SAL) intake. * Significant difference between PLA and SAL (p < 0.05). § Start of significant difference compared to basal values after SAL intake (p < 0.05).

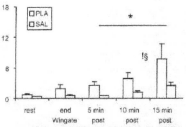

GH (ng/ml)

Fig. 2 Growth hormone (GH) (means ± SE) at rest, at the end of the Wingate test, and during passive recovery (5 min, 10 min, and 15 min post exercise) after placebo (PLA) and salbutamol (SAL) intake. * Significant difference between PLA and SAL (p < 0.05). § Start of significant difference compared to basal values after PLA intake (p < 0.05). § Start of significant difference compared to basal values after SAL intake (p < 0.05).

The ANOVA revealed a significant treatment effect on INS concentrations (p < 0.001). Basal INS concentrations were significantly increased with SAL (p < 0.01) compared to PLA and INS concentrations remained significantly higher with SAL during the 5 first minutes of recovery (p < 0.05).

Growth hormone (Fig. 2)
The ANOVA revealed a significant treatment effect on GH concentrations (p < 0.001). Basal and end exercise GH did not appear significantly different after the two treatments. However, for the rest of the trial, GH concentrations were significantly lower after SAL vs. PLA (p < 0.05).

Collomp K et al. Albuterol and Supramaximal Exercise ... Int J Sports Med 2004; 25: 1–5

Exercise induced a significant increase in GH which started to be significant after 15 min of recovery for PLA and SAL treatment.

Metabolic data (Figs. 3 and 4)

Blood glucose (Fig. 3)

The ANOVA revealed a significant treatment effect on GLU concentrations (p < 0.001). Basal blood glucose concentration was significantly increased after SAL treatment (p < 0.05). This increase in GLU after SAL compared to PLA remained significant at the end of the Wingate test and disappeared after 5 min of recovery.

Basal GLU level was not significantly altered at the end of the Wingate or during recovery irrespective of the treatment administered.

Lactate (Fig. 4)

The ANOVA revealed no significant effect of treatment on LAC concentrations, despite a tendency to higher recovery lactate concentrations after SAL intake.

Basal LAC concentrations were significantly increased at the end of the Wingate test and during all the recovery after both PLA and SAL intake (p < 0.05).

Discussion

The major finding of our study is the significant improvement in both anaerobic peak power and mean power after acute oral salbutamol intake. It appears therefore that chronic systemic use of salbutamol by athletes is not necessary to increase power output during supramaximal exercise.

β_2 agonists are known to elicit their primary action by stimulating the production of cyclic adenosine-3'5'-monophosphate (cAMP) by activation of the enzyme adenyl cyclase [9,16]. Cyclic AMP is then capable of triggering a sequence of intra-cellular events that ultimately leads to the pharmacological effects associated with salbutamol therapy: stimulation of hepatic glucose production and glucose release, stimulation of glycogenolysis and glycolysis with increased lactate and pyruvate release from tissues such as muscle, stimulation of lipolysis with increased glycerol and fatty acid release, lipid oxidation and insulin secretion [12,15]. Moreover, this class of drug has also been shown to cause significant increases in skeletal muscle size in animals [13,14] conducting the International Olympic Committee and the World Antidoping Agency to prohibit as anabolic agent the systemic use of salbutamol in athletes. However, since salbutamol is a sympathomimetic amine, it is plausible that its acute systemic use might elicit increased peak force production and rate of force development as after epinephrine administration [17].

The values of the classical indices of performance generated by our subjects, i.e., peak power, mean power, and decrease in power output, were similar to those values reported for males during the Wingate anaerobic test. This test is generally considered to be reliable and remains at this time the best laboratory test for maximal anaerobic investigation. We therefore believe

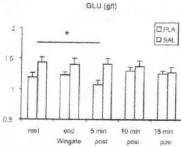

GLU (g/l)

Fig. 3 Blood glucose (GLU) (means ± SE) at rest, at the end of the Wingate test, and during passive recovery (5 min, 10 min, and 15 min post exercise) after placebo (PLA) and salbutamol (SAL) intake. * Significant difference between PLA and SAL (p < 0.05).

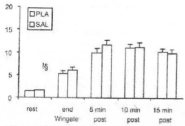

LAC (mmol/l)

Fig. 4 Lactate (LAC) (means ± SE) at rest, at the end of the Wingate test, and during passive recovery (5 min, 10 min, and 15 min post exercise) after placebo (PLA) and salbutamol (SAL) intake. ‡ Start of significant difference compared to basal values after PLA intake (p < 0.05). § Start of significant difference compared to basal values after SAL intake (p < 0.05).

it is reasonable to conclude that oral salbutamol intake 3 h prior to supramaximal exercise significantly improved peak power. It is interesting to note that this greater peak power under SAL came from an increase in force developed without significant change in velocity. In addition to this, time to peak force decreased after SAL compared to PLA. Mean power appeared also significantly improved by acute SAL intake. In view of the magnitude of improvement in MP compared to PP obtained in the present study, it appears unlikely that the increase in mean power with salbutamol is a result purely of the increase in peak power and the decrease in time to peak power. Unfortunately, with the parameters investigated in the present study, it is impossible to determine precisely the implicated mechanism(s). However, it could be suggested that the ergogenic effects may result from both central and peripheral action. Indeed, decrease in time to

Collomp K et al. Albuterol and Supramaximal Exercise ... Int J Sports Med 2004; 25: 1 – 5

peak may reflect a central stimulation of salbutamol [12], i.e., a sympathomimetic amine. On the other hand, Signorile et al. [17], who found a significant increase in peak power after acute inhalation of salbutamol, hypothesized that its actions would be similar to epinephrine, which has been shown to increase peak force production and rate of force production when bound to skeletal muscle [1,6]. They also hypothesized that salbutamol's effect of increasing rate and magnitude of force production was exerted through the β_2-receptors located on the sarcoplasmic reticulum and the t-tubules as follows. The increased Ca^{2+} concentrations in the skeletal muscle would allow longer and more continuous binding of the actin and myosin bridges during contraction, which in turn would result in increase in force production [17].

Blood lactate was significantly increased after the Wingate whatever the treatment administered. These results are in accordance with earlier reports establishing that muscle lactate increases rapidly from the start of supramaximal exercise [11] and that the lactate accumulation is closely related to the ability to produce high power in a few seconds [11]. Increase in maximal blood lactate concentrations was previously reported after acute salbutamol intake during submaximal exercise [2]. However, we found in the present study a tendency about but not a significant increase in end-exercise and recovery blood lactate concentration after SAL intake compared to PLA values. This lack of significance appears surprising but it could be suggested that the timing of our blood samples did not allow us to measure the actual maximal blood lactate concentrations.

According to the literature, at rest, we found a significant increase in both blood glucose and plasma insulin after acute salbutamol intake. The increase in basal blood glucose reported here suggests the drug stimulates glycogenolysis in the liver and in the muscle at rest [18]. At the same time, the rise in basal insulin indicates that salbutamol has a direct or an indirect stimulatory effect on β receptors in the insulin-secreting cells of the pancreas in response to hyperglycaemia. In agreement with previous data [2], it appears however that the increased secretion of insulin with salbutamol was insufficient to restore normoglycaemia at rest but that homeostasis was restored during the recovery.

To our knowledge, GH secretion was never investigated after acute SAL intake during supramaximal exercise in healthy humans. We did not find any significant change in basal and end-exercise GH secretion between the two treatments but recovery GH appeared markedly blunted by SAL intake. This finding appears in agreement with preceding study describing decrease GH concentration after oral salbutamol intake at both maximal exercise in adult patients with asthmatic bronchitis [4] and submaximal exercise in healthy athletes [3]. It may be suggested that SAL may decrease GH secretion through hypothalamic somatostatin stimulation [4]. Anyway, the exact mechanism(s) can not be ascertained from the present study.

In conclusion, acute oral intake of the sympathomimetic agent salbutamol significantly increases peak power and mean power during a Wingate test. In parallel, concomitant changes in metabolic and hormonal responses were noted. Further studies investigating directly central and muscle effects of β_2-agonists are needed in order to clarify the mechanisms implicated.

Acknowledgements

The authors wish to express their gratitude to the subjects for their dedicated performance. In addition we likewise thank the "Hôpital de la Madeleine", Mrs Emmanuelle Martinet and Pr. Mario Berlu (Laboratoire de physiologie à l'exercice, Faculté de Médecine Clermont-Ferrand) for their assistance.

References

[1] Caswell A, Baker S, Boyd H, Potter L, Garcia M. β-adrenergic receptor and adenylate cyclase in transverse tubules of skeletal muscles. J Biol Chem 1978; 253: 3049–3054

[2] Collomp K, Candau R, Collomp R, Carra J, Lasne F, Préfaut C, De Ceaurriz J. Effects of acute ingestion of salbutamol during submaximal exercise. Int J Sports Med 2000; 21: 480–484

[3] Collomp K, Candau R, Millet G, Mucci P, Borrani F, Préfaut C, De Ceaurriz J. Effects of salbutamol and caffeine ingestion on exercise metabolism and performance. Int J Sports Med 2002; 23: 549–554

[4] Giustina A, Malerba M, Bresciani E, Desenzani P, Licini M, Zaltieri G, Grassi V. Effect of two β-agonist drugs, salbutamol and broxaterol, on the growth hormone response to exercise in adult patients with asthmatic bronchitis. J Endocrinol Invest 1995; 18: 847–852

[5] Goldberg R, Van As M, Joffe B, Krut L, Bersohn I, Seftel H. Metabolic responses to selective β adrenergic stimulation in man. Postgrad Med J 1975; 51: 53–58

[6] Gonzalez-Serratos H, Hill L, Valle-Aguilera R. Effects of catecholamines and cyclic AMP on excitation-contraction coupling in isolated skeletal muscle fibers of the frog. J Physiol 1981; 315: 267–282

[7] International Olympic Committee and WADA list of doping classes and methods. 2003

[8] Krieger D, Allen W, Rossi F, Krieger H. Characterization of the normal temporal pattern of plasma corticosteroid levels. J Clin Endocrinol Metab 1971; 32: 266–284

[9] Lefkowitz R, de Lean A, Hoffmann B, Stadel J, Kent R. Molecular pharmacology of adenylate cyclase coupled- and β-adrenergic receptors. Adv Cyclic Nucleotide Res 1981; 14: 145–161

[10] Lemmer J, Heck S, Wallach J, Fox S, Burke E, Kearney J, Storms W. The effects of albuterol on power output in non-asthmatic athletes. Int J Sports Med 1995; 16: 243–249

[11] Linossier M, Denis C, Dormois D, Geyssant A, Lacour JR. Ergometric and metabolic adaptation to a 5-s sprint training programme. Eur J Appl Physiol 1993; 67: 408–414

[12] Price A, Clissold S. Salbutamol in the 1980s. A reappraisal of its clinical efficacy. Drugs 1989; 38: 77–122

[13] Reeds P, Hay S, Dorward P, Palmer R. The effects of β-agonists and antagonists on muscle growth and body composition of young rats. Comp Biochem Physiol 1988; 89: 337–341

[14] Ricks C, Dalrymple R, Baker P, Ingle D. Use of a β-agonist to alter fat and muscle deposition in steers. J Anim Sci 1984; 59: 1247–1255

[15] Rolf Smith S, Kendall M. Metabolic responses to β₂ stimulants. J R Coll Chest Physiol 1984; 18: 190–194

[16] Schmidt C, Bluet Pajot M, Partouche R. The effects of β adrenergic receptor agonist salbutamol on growth-hormone release in the rhesus monkey. IRCS Med Sci 1983; 11: 832–833

[17] Signorile J, Kaplan T, Applegate B, Perry A. Effects of acute inhalation of the bronchodilator, albuterol, on power output. Med Sci Sports Exerc 1992; 24: 638–642

[18] Smith A, Banks J, Buchanan K, Cheong B, Gunawardena K. Mechanisms of abnormal glucose metabolism during the treatment of acute severe asthma. Q J Med 1992; 82: 71–80

[19] Van Baak M, Mayer L, Kempinski R, Hartgens F. Effect of salbutamol on muscle strength and endurance performance in nonasthmatic men. Med Sci Sports Exerc 2000; 32: 1300–1306

[20] Wager J, Fredholm B, Lunell N, Persson B. Metabolic and circulatory effects of intravenous and oral salbutamol in late pregnancy in diabetic and non diabetic women. Acta Obstet Gynaecol Scand 1982; 108: 41–46

ARTICLE III

British Journal of Sport Medecine

Short term Salbutamol ingestion and supramaximal exercise in healthy women

Key words: women – albuterol – chronic intake – performance – body composition

B. Le Panse[1], A. Arlettaz[1], H. Portier[1], AM. Lecoq[2], De Ceaurriz[3], K. Collomp[4]

[1] : Laboratoire Activité Physique, Santé et Performance (LAPSEP), Université d'Orléans, Orléans, France

[2] : Service de Physiopathologie de l'exercice, Laboratoire Activité Physique, Santé et Performance, Orléans

[3] : Laboratoire National de Dépistage du Dopage (LNDD), Chatenay-Malabry, France

[4] : Laboratoire Activité Physique, Santé et Performance, Laboratoire National de Depistage du Dopage

ORIGINAL ARTICLE

Short term salbutamol ingestion and supramaximal exercise in healthy women

B Le Panse, A Arlettaz, H Portier, A-M Lecoq, J De Ceaurriz, K Collomp

Br J Sports Med 2006;**40**:627–631. doi: 10.1136/bjsm.2006.026237

See end of article for authors' affiliations

Correspondence to:
Professor Collomp,
Laboratoire Activité
Physique, Santé et
Performance, Faculté du
Sport et de l'Education
Physique, 2, Allée du
Chateau, BP 6237, 45062
Orléans Cedex 2, France;
katia.collomp@
univ-orleans.fr

Accepted 23 April 2006
Published Online First
10 May 2006

Objective: To test the hypothesis that chronic salbutamol intake improves performance during supramaximal exercise and to estimate the effects of this treatment on body composition, bone mass, and metabolic indices in healthy women.

Methods: Fourteen female volunteers (seven sedentary and seven recreationally trained) performed a 30 second Wingate test with and without salbutamol ingestion (12 mg/day for four weeks) in a random, double blind, crossover design. Blood samples were collected at rest, at the end of the test, and during passive recovery for lactate measurement. Body composition and bone mass were determined by dual energy x ray absorptiometry.

Results: Peak power appeared significantly earlier and was significantly ($p<0.05$) increased after salbutamol intake in all subjects. There was no difference in total work performed and fatigue indices with salbutamol compared with placebo. No significant alterations in lean or fat body mass and bone variables were observed with salbutamol treatment in either trained or untrained subjects during the trial. In contrast, blood lactate was significantly ($p<0.05$) increased during the recovery period after salbutamol ingestion compared with placebo.

Conclusion: As in men, chronic administration of therapeutic concentrations of salbutamol did not induce an anabolic effect in women but increased maximal anaerobic power. Further studies are necessary to clarify the mechanisms involved.

O nly a few studies have investigated the use of β_2 agonists as ergogenic aids during maximal or supramaximal exercise. This class of drug, in particular salbutamol, has become extensively used in the treatment of bronchial asthma and preterm labour. Moreover, β_2 agonists have received recent attention from the International Olympic Committee and the World Antidoping Agency as drugs for enhancing muscle mass. Indeed, whereas aerosol use of these drugs seems to have a relatively selective action on the receptors in bronchial muscle, anabolic properties have been demonstrated in several species after systemic use of some β_2 agonists coupled with a significant decrease in fat mass after relatively short periods of administration.[1-3] In humans, both Martineau *et al*[4] and Caruso *et al*[5 6] found that short term therapeutic salbutamol administration improved strength but did not significantly affect lean body mass in healthy men. In agreement with these studies, we tested in a previous study[7] the effects of salbutamol (12 mg/day for three weeks) during a Wingate test in healthy male subjects and found a significant increase in peak power with salbutamol without any change in body composition. However, whether this drug increases performance or muscle mass in women has yet to be determined.

A few studies on animals have also focused on the effects of β_2 agonists on bone mineral, with contradictory results. Indeed, both an increase[8 9] in suspended and denervated hindlimbs and a decrease under normal conditions[10-13] in bone density have been reported in animals after clenbuterol and salbutamol administration. Only one study has focused on humans[14] to determine if salbutamol helps resistance exercise to reduce unloading induced bone loss. The authors concluded that a resistance exercise/albuterol regimen probably increased bone mineral content by maintaining the mechanical loading stimulus. However, to our knowledge, there is no literature on the eventual effects of

therapeutic systemic salbutamol administration on bone in humans without previously induced bone loss.

Therefore the primary purpose of this study was to test the hypothesis that short term oral salbutamol administration would improve performance in sedentary and trained healthy female volunteers during supramaximal exercise. Secondly, to investigate the possible effects of this treatment on muscle, bone, and metabolism, body composition (lean and fat mass), bone mineral measurements (bone mineral content and density), and metabolic variables (blood lactate) were monitored.

METHODS

Subjects

Fourteen women volunteered for the study, the protocol of which was approved by the ethics committee of Tours Hospital. Seven (mean (SD) age 20.9 (1.1) years) had been actively involved in a training programme two to three times a week for at least two years, and the remainder (mean (SD) age 23 (2.4) years) were sedentary. They were informed of the purpose and methods of the study before giving written consent to participate. The subjects were required to have been taking a low dose oral contraceptive pill continuously for the preceding 12 months. A medical history and physical examination excluded volunteers with a history of bronchospasm or atopy.

Subjects were asked to maintain similar exercise patterns and normal food intake and were required to continue taking the oral contraceptive pill at the same time each day, as specified for oral contraceptive usage, throughout the duration of the experiments. They were also instructed to

Abbreviations: BMC, bone mineral content; BMCL, bone mineral content at the lumbar vertebrae; BMD, bone mineral density; BMDL, bone mineral density at the lumbar vertebrae

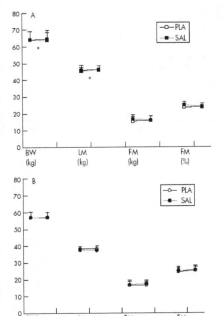

Table 1 Performance in the Wingate test after placebo and salbutamol treatment in trained and untrained subjects		
Performance	Placebo	Salbutamol
Trained subjects		
Peak power (W)	784.9 (52.3)†	854.9 (50.3)*†
Peak power (W/kg)	12.6 (0.9)	13.7 (0.8)*
Time to peak power (s)	2.7 (0.3)	1.8 (0.1)*
Mean power (W)	428.4 (15.6)†	444.3 (18.9)†
Fatigue index (%)	62.3 (2.7)	65.7 (3.0)
Untrained subjects		
Peak power (W)	613.6 (33.8)	669.9 (31.9)*
Peak power (W/kg)	12.1 (0.6)	13.2 (0.6)*
Time to peak power (s)	2.4 (0.1)	2.0 (0.1)*
Mean power (W)	331.9 (11.8)	334.4 (13.7)
Fatigue index (%)	63.0 (2.3)	68.0 (1.9)

Values are mean (SEM).
*Significant difference between placebo and salbutamol (p<0.05).
†Significant difference between trained and untrained subjects (p<0.05).

Figure 1 Body weight (BW, kg), lean mass (LM, kg), and fat mass (FM, kg and %) for trained (A) and untrained (B) subjects before and after placebo (PLA) and salbutamol (SAL) treatment. *Significant difference between trained and untrained subjects (p<0.05).

abstain from intense exercise and ingestion of caffeine and alcohol for 24 hours before each trial, which was always performed during the second part of the menstrual cycle.

Exercise

The 30 second Wingate test was performed on a Monark pan loaded, bicycle ergometer with a resistance of 0.075 kg/kg body mass as recommended. During the test, the revolutions were determined using a magnetic switch and magnets mounted on the wheel of the ergometer. Revolutions were recorded by a computer and used in the calculation of the power variables. At the end of the Wingate test, rpm and resistance were used to calculate peak power as maximal anaerobic power, mean power as anaerobic capacity, time to peak power, and the fatigue index.

To familiarise themselves with the protocol and to increase the reproducibility of the test, subjects returned for an additional supramaximal anaerobic Wingate test trial ride in the two weeks before the actual experiment.

Drug

The double blind, randomised, crossover study consisted of two four week treatments (placebo and salbutamol) for each subject separated by a four week drug-free washout period. Placebo (gelatine) and salbutamol (trade name Salbumol, 2 mg, tablet; Glaxo-Wellcome Laboratory, Paris, France) were packaged in identical capsules. During the experimental periods, the subjects received three capsules daily of either placebo or salbutamol (4 mg—that is, two tablets per capsule), one capsule at 8 am, one at 12 pm, and one at 5 pm.

Trials to exhaustion were performed on the last day of each treatment after a final ingestion of either placebo or salbutamol.

Body composition and bone mineral indices

Body weight, body composition, and bone mineral indices were assessed four times, before and at the end of each treatment.

Body composition (fat and lean mass) was determined by dual energy x ray absorptiometry (Hologic QDR 1000/W; Hologic, Waltham, Massachusetts, USA) using a standardised procedure. The in vivo coefficient of variation was less than 2%.

Bone mineral content (BMC; g) and bone mineral density (BMD; g/cm²) were measured for the whole body and at the lumbar vertebrae (L2–L4; BMCL and BMDL). Measurements were performed with the dual energy x ray absorptiometry apparatus described above. The in vivo coefficient of variation

using this technique was less than 1% at the specific regional site and up to 2.5% at the whole body level.

Experimental protocol

The protocol for each trial was identical. Trials were held at the same time of day (9 30–10 30 am) for each subject to prevent diurnal variations in hormonal responses. On the day of the experiment, subjects reported to the laboratory at 8 30–9 30 am, two hours after ingesting a capsule containing either placebo or salbutamol (4 mg) and one hour after ingesting a small meal, which was identical for each trial. Dietary consistency (about 500 kcal) was confirmed through self reported diet records and questioning before each trial. After insertion of a catheter into a superficial forearm vein (9-10 am), subjects warmed up with light cycling exercise. An accurate record was kept of the duration intensity of the warm up on the first trial (about two minutes), which was identical for all trials and not considered part of the total exercise time. The subjects then rested, and, at 9 30–10 30 am performed a 30 second Wingate anaerobic power test. Blood samples were taken at rest, at the end of the Wingate test, and after 5, 10, and 15 minutes of recovery.

Blood lactate analysis

Blood samples (1 ml) were promptly centrifuged, transferred in a chilled EDTA tube, and stored at −72°C until assayed for lactate. Analysis was by an electro-enzymatic method (Microzym; Biosentec, Toulouse, France). All assays were performed in duplicate. The coefficient of variation was <10%.

Statistical analysis

Data are presented as mean (SEM). An independent *t* test was used to evaluate the differences in subject characteristics between groups at the start of the study. A specific test for crossover trials was used to determine whether there were any significant differences between placebo and salbutamol performance variables. Differences in body composition, bone variables, and blood lactate between the trials were analysed by two way analysis of variance with repeated measurements. A post hoc Newman-Keuls test was performed to determine the location of the differences in the event of an analysis of variance revealing a significant main effect. The null hypothesis was rejected at p<0.05.

RESULTS

Performance

Whatever the treatment administered, peak power and mean power appeared to be significantly higher in the trained than the untrained subjects (p<0.05) (table 1). No significant differences in fatigue index, time to peak power, or peak power/kg were noted. With salbutamol treatment, there was a significant increase in peak power compared with placebo for both trained and untrained subjects (p<0.05). Moreover, time to peak power was significantly decreased for trained and untrained subjects with salbutamol treatment compared with placebo (p<0.05). No significant differences in mean power or fatigue index were found.

Body composition

At the beginning, there were no differences between the trained and untrained groups in fat mass (kg) and fat mass related to body weight (%) (fig 1). In contrast, both body mass and lean mass were significantly higher in the trained than the untrained subjects (p<0.05). No differences in any of the variables investigated were found after salbutamol or placebo treatment.

Bone densitometry

Table 2 shows BMD, BMDL, BMC, and BMCL values in the trained and untrained subjects. At the start of the study, the trained subjects had significantly higher BMD, BMC, and BMCL than the untrained subjects. There were no significant changes in any of these variables after either salbutamol or placebo treatment in the trained or untrained subjects.

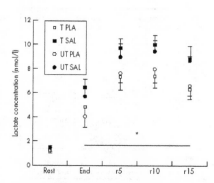

Figure 2 Blood lactate concentration (mean (SEM)) at rest, at the end of exercise, and during passive recovery (after 5 (r5), 10 (r10), and 15 (r15) minutes) after placebo (PLA) and salbutamol (SAL) treatment in trained (T) and untrained (UT) subjects. *Significant difference between placebo and salbutamol (p<0.05).

Blood lactate analysis

At the end of exercise and during recovery, blood lactate concentrations were significantly higher than basal values (p<0.05) (fig 2). Salbutamol significantly increased blood lactate concentrations during recovery in all subjects (p<0.05).

DISCUSSION

Our results show that short term, therapeutic, systemic administration of salbutamol—that is, 12 mg/day for four weeks—improves peak power during supramaximal exercise in healthy sedentary and moderately trained female volunteers. No significant alterations in body composition or bone indices were observed with salbutamol treatment in either group during the trial.

The effects of resistance training on skeletal muscle has been studied previously.[16] In agreement with the literature, we found a higher lean mass in the trained subjects than in the sedentary group. We found a parallel significantly higher body weight in the trained subjects without any significant difference in fat mass (total or %) between trained and untrained subjects. Four weeks of salbutamol intake at a therapeutic dose did not change any variables of body composition in the healthy women. Although clenbuterol, another β_2 agonist, is known to stimulate muscle hypertrophy and reduce body fat,[2 3 10] the anabolic effects of

Table 2 Whole body and lumbar spine bone mineral density (BMD, BMDL) and content (BMC, BMCL) in trained and untrained subjects before and after placebo and salbutamol treatment

	Placebo		Salbutamol	
	Before	After	Before	After
Trained subjects				
BMD (g/cm²)	1.07 (0.05)*	1.06 (0.05)*	1.06 (0.05)*	1.06 (0.06)*
BMDL (g/cm²)	1.00 (0.03)	1.00 (0.03)	0.99 (0.03)	1.00 (0.03)
BMC (g)	4074 (283)*	3926 (200)*	3978 (253)*	4095 (289)*
BMCL (g)	65.5 (4.7)*	65.7 (4.6)*	64.6 (4.5)*	65.2 (4.7)*
Untrained subjects				
BMD (g/cm²)	0.96 (0.03)	0.96 (0.04)	0.96 (0.03)	0.95 (0.04)
BMDL (g/cm²)	0.97 (0.03)	0.99 (0.04)	0.97 (0.04)	0.97 (0.04)
BMC (g)	2986 (111)	2972 (91)	3087 (113)	2907 (103)
BMCL (g)	55.3 (1.8)	56.3 (2.0)	56.0 (2.3)	56.3 (1.9)

Values are mean (SEM).
*Significant difference between trained and untrained subjects (p<0.05).

salbutamol and other β_2 agonists remain equivocal. The different treatment effects may be due to different experimental conditions, such as species, dose, mode of administration, age, and sex.[16][17] Hence, in animal studies, the anabolic effect of salbutamol on skeletal muscle was only found after intravenous administration with implanted minipumps,[18] but never after oral administration in either animals or humans.[2][19] Martineau et al[5] found that salbutamol (16 mg/day for three weeks) did not affect lean body mass in healthy men. Another study examined the effect of a six week 16 mg daily salbutamol dose during a 9 week resistance training programme in healthy male subjects and also found that the drug did not modify muscle mass.[5] In a recent study, the same authors[6] investigated a 12 mg/day dose of salbutamol for two weeks. After 10 weeks of resistance training, similar results were obtained, but with a trend to a higher lean body mass with salbutamol. Finally, we tested in a previous study,[7] the effects of salbutamol (12 mg/day for three weeks) on body composition in healthy male subjects and were unable to find any change in body composition, irrespective of the training status. In agreement with these previous studies on men, the present results also rule out any anabolic effect of oral salbutamol in healthy trained or untrained women.

Mechanical loading plays a major role in the development and maintenance of bone mass. Clinical and experimental studies have shown that moderate and repeated physical activity results in increased bone mass in both animals and humans.[10] Mechanical loading influences bone mass through the strain it creates in bone tissue as a result of the strain itself, because of changes in streaming potentials, intralacunar pressure, and fluid flow, or through deformations in the extracellular matrix.[10] Therefore it is logical that our subjects had significantly higher BMD, BMC, and BMCL than the untrained subjects. In this study, short term salbutamol administration did not have any effect on any of these variables in either group of subjects. These results initially appeared to contradict the few previous studies conducted with animals and humans. Indeed, some animal experiments showed that administration of β_2 agonist, especially clenbuterol and salbutamol, leads to lower BMD, BMC, and mechanical resistance.[10][11] In contrast, in rats, β_2 agonist administration attenuated bone loss resulting from hindlimb suspension.[8][9] Only one study has investigated the effects of salbutamol on bone variables in humans. Caruso et al[14] examined whether it could help resistance exercise to reduce unloading induced bone loss. Human subjects had their left legs suspended for 40 days, preventing normal ambulatory activity. While performing left leg strength training three days a week, the subjects concurrently received placebo or salbutamol (16 mg a day for 40 days). After 40 days, the resistance exercise/salbutamol assignment had induced significant gains in left leg BMC, whereas in the resistance exercise/placebo group, the mechanical loading data had significantly declined during the final unloading days compared with initial values. The authors concluded that the exercise/salbutamol assignment had probably increased BMC by maintaining the mechanical loading stimulus.

Different hypotheses can be proposed to explain the lack of effect of salbutamol on bone variables in our trained and untrained subjects. Firstly, human bone typically remodels in four to six month cycles. It is therefore doubtful that a four week treatment at a therapeutic dose would induce significant alteration in bone variables without an unloading induced bone loss. Indeed, our subjects did not suffer from any bone deficit, and Caruso et al[14] estimate that salbutamol prescription combined with resistance exercise may mitigate the prevalence of osteoporosis and osteopenia. Secondly, as mentioned above, salbutamol did not seem to have any effect

on body composition or leptin concentration,[7][13] and it has been suggested that a leptin mediated effect on bone tissue seems likely. Anyway, it appears that a month of salbutamol treatment at a therapeutic dose in healthy women did not have any effect on bone tissue, irrespective of the training status. Further studies on humans are necessary to evaluate the potential beneficial and/or pathophysiological effects of a longer, chronic, systemic salbutamol treatment combined with exercise training.

The finding of an improvement in performance in our trained and untrained female subjects agrees with the results of Caruso et al[5][6] and Martineau et al.[4] Those authors showed an increase in voluntary muscle strength in humans after a comparable daily salbutamol dose, combined or not with a resistance training programme. In the same way, we found a significant improvement in peak power (about 10%) during a 30 second Wingate test in healthy male subjects after three weeks of salbutamol intake, irrespective of their training status. In agreement with this previous study, we found in female subjects a higher peak power after salbutamol compared with placebo during the Wingate test. Similarly, in view of the lack of change in body composition, the improvement in performance cannot result from an anabolic effect. Moreover, because we found the same increase in peak power in our two groups of subjects (about 9%), it seems that, as in men, the training status did not interact with the improvement in performance induced by salbutamol. Therefore it can be assumed that salbutamol has the same ergogenic effects in both sexes. However, further studies are necessary to clarify the mechanisms involved. Both peripheral and central effects may be suggested. Indeed, it has been postulated that β_2 agonist administration results in greater calcium efflux[1] from the sarcoplasmic reticulum in skeletal muscle, causing the formation of greater numbers of cross bridges and leading to glycogenolytic stimulation during this type of exercise. In agreement with this hypothesis, we found in the present study significantly higher recovery blood lactate concentrations after salbutamol in all subjects, which may reflect greater glycogenolysis.[7] However, a central effect

---

What is already known on this topic

- The effects of short term, systemic administration of salbutamol as an ergogenic aid during maximal and supramaximal exercise have been investigated, and also the effects of chronic salbutamol use on body composition and bone mineral, the latter with contradictory results

- Whether this drug increases performance or muscle mass in women has yet to be determined

---

What this study adds

- Short term, oral administration of salbutamol improved performance in sedentary and trained healthy female volunteers during supramaximal exercise

- Short term, oral administration of salbutamol had no effect on body composition (lean and fat mass) or bone mineral measurements (bone mineral content and density), but increased blood lactate concentration in the period of recovery after supramaximal exercise in both trained and untrained subjects

of salbutamol in this improvement in performance cannot be eliminated.[20]

In conclusion, the results of this study indicate that short term administration of salbutamol at therapeutic doses does not alter either body composition or bone variables but increases maximal anaerobic power in healthy female volunteers. The precise mechanisms of action remain to be elucidated.

ACKNOWLEDGEMENTS

This project was carried out with the support of CPLD. We express our gratitude to the subjects for their dedicated performance. We also thank the Hôpital de la Madeleine, Professor D Courteix, Mrs Corinne, Dr L Benhamou, and Dr M Ferry for their assistance. We gratefully acknowledge the expert technical assistance provided by Mr Régis Bonnefoy.

. . . .

Authors' affiliations

B Le Panse, A Arlettaz, H Portier, Laboratoire Activité Physique, Santé et Performance (LAPSEP), University of Orléans, Orléans, France

A-M Lecoq, Service de Physiopathologie de l'exercice, Laboratoire Activité Physique, Santé et Performance, Orléans

J de Ceaurriz, Laboratoire National de Depistage du Dopage (LNDD), Chatenay-Malabry, France

K Collomp, Laboratoire Activité Physique, Santé et Performance, Laboratoire National de Depistage du Dopage

Competing interests: none declared

REFERENCES

1 Baker P, Dalrymple R, Ingle D, *et al.* Use of an adrenergic agent to alter muscle and fat disposition in lambs. *Fed Proc* 1983;**42**:816.

2 Reeds P, Hay S, Dorward P, *et al.* The effects of β-agonists and antagonists on muscle growth and body composition of young rats. *Comp Biochem Physiol* 1988;**89**:337–41.

3 Ricks C, Dalrymple R, Baker P, *et al.* Use of a β-agonist to alter fat and muscle deposition in steers. *J Anim Sci* 1984;**59**:1247–55.

4 Martineau L, Horan M, Rothwell N, *et al.* Salbutamol, a β2-adrenoceptor agonist, increases skeletal muscle strength in young men. *Clin Sci* 1992;**83**:615–21.

5 Caruso J, Signorile J, Perry A, *et al.* The effects of albuterol and isokinetic exercise on the quadriceps muscle group. *Med Sci Sports Exerc* 1995;**27**:1471–6.

6 Caruso J, Hamill J, De Garmo N. Oral albuterol dosing during the latter stages of a resistance exercise program. *J Strength Cond Res* 2005;**19**:102–7.

7 Le Panse B, Collomp K, Portier H, *et al.* Effects of short-term salbutamol ingestion during a Wingate test. *Int J Sports Med* 2005;**26**:518–23.

8 Bloomfield S, Girten B, Weisbrode S. Effects of vigorous exercise training and beta-agonist administration on bone response to hindlimb suspension. *J Appl Physiol* 1997;**83**:172–8.

9 Zeman R, Hirschman A, Hirschman M, *et al.* Clenbuterol, a beta 2-receptor agonist, reduces net bone loss in denervated hindlimbs. *Am J Physiol* 1991;**261**:E285–9.

10 Cavalie H, Lac G, Lebecque P, *et al.* Influence of clenbuterol on bone metabolism in exercised or sedentary rats. *J Appl Physiol* 2002;**93**:2034–7.

11 Kitaura T, Tsunekawa N, Kraemer W. Inhibited longitudinal growth of bones in young male rats by clenbuterol. *Med Sci Sports Exerc* 2002;**34**:267–73.

12 Bonnet N, Brunet-Imbault B, Arlettaz A, *et al.* Alteration of trabecular bone under chronic beta2 agonists treatment. *Med Sci Sports Exerc* 2005;**37**:1493–501.

13 Bonnet N, Benhamou CL, Brunet-Imbault B, *et al.* Severe bone alterations under beta2 agonist treatments: bone mass, microarchitecture and strength analyses in female rats. *Bone* 2005;**37**:622–33.

14 Caruso J, Hamill J, Yamauchi M, *et al.* Can albuterol help resistance exercise attenuate unloading-induced bone loss? *J Strength Cond Res* 2004;**18**:753–9.

15 Kraemer W, Ratamess N, French D. Resistance training for health and performance. *Curr Sports Med Rep* 2002;**1**:165–71.

16 Moore N, Pegg G, Sillence M. Anabolic effects of the β2-adrenoceptor agonist salmeterol are dependent on route of administration. *Am J Physiol* 1994;**30**:E475–84.

17 Yang Y, McElligott M. Multiple actions of β-adrenergic agonists on skeletal muscle and adipose tissue. *Biochem J* 1989;**261**:1–10.

18 Carter W, Lynch M. Comparison of the effects of salbutamol and clenbuterol on skeletal muscle mass and carcass composition in senescent rats. *Metabolism* 1994;**43**:1119–25.

19 Choo J, Horan M, Little R, *et al.* Anabolic effects of clenbuterol on skeletal muscle are mediated by β2-adrenoceptor activation. *Am J Physiol* 1992;**263**:E50–56.

20 Price A, Clissold S. Salbutamol in the 1980s. A reappraisal of its clinical efficacy. *Drugs* 1989;**38**:77–122.

ARTICLE IV

Sciences et sport

Effet d'une prise chronique de salbutamol au cours d'un exercice maximal

Mots clés: beta2 agoniste, performance, VO2 max, lactate, insuline

B. Le Panse[1], A. Arlettaz[1], H. Portier[1], AM. Lecoq[2], De Ceaurriz[3], K. Collomp[4]

[1] : Laboratoire Activité Physique, Santé et Performance (LAPSEP), Université d'Orléans, Orléans, France

[2] : Service de Physiopathologie de l'exercice, Laboratoire Activité Physique, Santé et Performance, Orléans

[3] : Laboratoire National de Dépistage du Dopage (LNDD), Chatenay-Malabry, France

[4] : Laboratoire Activité Physique, Santé et Performance, Laboratoire National de Dépistage du Dopage

Articles

Available online at www.sciencedirect.com

SCIENCE @DIRECT·

SCIENCE &SPORTS

ELSEVIER

Science & Sports 21 (2006) 163–165

http://france.elsevier.com/direct/SCISPO/

Communication brève

Effets d'une prise chronique de salbutamol au cours d'un exercice maximal

Effects of chronic therapeutical β_2-agonist intake during maximal

B. Le Panse [a], A. Arlettaz [a], H. Portier [a], A.-M. Lecoq [a,b], J. De Ceaurriz [c], K. Collomp [a,c,*]

[a] *LAPSEP, UFR STAPS, université d'Orléans, F. 45065 Orléans cedex 02, France*
[b] *Service de Physiopathologie de l'Exercice, F. 45062 Orléans cedex 02, France*
[c] *LNDD, F. 92290 Chatenay-Malabry, France*

Reçu le 3 février 2006 ; accepté le 10 mai 2006
Disponible sur internet le 09 juin 2006

Résumé

Introduction. – L'objectif de ce travail est d'étudier les répercussions d'une prise chronique de salbutamol au cours d'un exercice maximal.
Synthèse des faits. – Notre étude, effectuée en double insu et après randomisation, a porté sur les effets ergogéniques, métaboliques et endocriniens d'une prise chronique de salbutamol au cours d'un exercice triangulaire maximal chez 14 volontaires sains de sexe féminin. Ni la puissance maximale aérobie ni la consommation maximale d'oxygène ne sont modifiées de manière significative par Sal. Parallèlement, aucune différence significative n'est mise en évidence entre les deux traitements au niveau des paramètres métaboliques et hormonaux.
Conclusion. – S'il existe clairement des effets ergogéniques et métaboliques suite à une prise chronique de salbutamol lors d'exercices sub- et supramaximaux, ceux-ci ne sont pas retrouvés lors d'un exercice triangulaire maximal classique.
© 2006 Elsevier SAS. Tous droits réservés.

Abstract

Introduction. – The aim of the study is to assess the effects of chronic therapeutical β_2-agonist intake on performance during maximal dynamic exercise.
Synthesis. – We studied, according to a double blind, randomized cross-over protocol, the effects of chronic salbutamol intake during a classic maximal VO_{2max} test in 14 healthy female volunteers. Performance, metabolic and hormonal parameters were monitored in this study. Sal did not modify significantly maximal aerobic power or VO_{2max}. In parallel, no change was found in the metabolic and hormonal parameters investigated.
Conclusion. – On the contrary to sub- and supramaximal exercise, short-term salbutamol intake did not induce any ergogenic or metabolic effects during a classic maximal exercise.
© 2006 Elsevier SAS. Tous droits réservés.

Mots clés : β_2-agoniste ; Performance ; VO_{2max} ; Lactate ; Insuline

Keywords: β_2-agonist; Performance; VO_{2max}; Lactate; Insulin

1. Introduction

Les bêta-2 agonistes, et le salbutamol en particulier, sont des substances médicamenteuses extrêmement utilisées dans le monde pour le traitement de l'asthme et en cas d'accouchement prématuré. Cette classe de substances est actuellement interdite par voie systémique par l'Agence mondiale antidopage (AMA) en raison de potentiels effets anabolisants. Cependant, peu d'études se sont intéressées aux effets ergogéniques d'une administration chronique de bêta-2 agonistes au cours d'exercices supramaximaux et maximaux. Chez l'homme, les études [1,3,4] effectuées suite à des prises chroniques thérapeutiques de salbutamol ont ainsi mis en évidence soit une amélioration de la force volontaire maximale, soit une amélioration du pic de puissance au cours d'un *Wingate test*.

À notre connaissance, il n'existe cependant pas d'étude publiée s'étant intéressée aux répercussions d'une prise chronique à dose thérapeutique de β_2-agonistes sur la performance au cours d'un exercice triangulaire maximal chez des sujets sains non asthmatiques.

* Auteur correspondant.
Adresse e-mail : katia.collomp@univ-orleans.fr (K. Collomp).

0765-1597/$ - see front matter © 2006 Elsevier SAS. Tous droits réservés.
doi:10.1016/j.scispo.2006.05.002

2. Matériel et méthodes

Notre étude a porté sur 14 volontaires féminins sains, non asthmatiques, (âge : 22 ± 1,7 ans ; poids : 58 ± 2,9 kg), sept pratiquant une activité sportive régulière, sept étant sédentaires. Tous les sujets étaient sous traitement estroprogestatif classique, l'expérimentation étant toujours effectuée dans la même phase du cycle.

Chaque sujet a été soumis à deux traitements, l'un de placebo (Pla), l'autre de salbutamol (Sal) à raison de 12 mg/j pendant quatre semaines, les deux traitements étant séparés par un mois de washout et l'étude étant réalisée en double insu et après randomisation.

Comme exercice, nous avons choisi un test classique de VO_{2max}. Suite à un échauffement de 60 à 90 W pendant trois minutes, des incrémentations de 20 W/min ont été effectuées, jusqu'à atteinte du plateau de VO_{2max} caractérisé par les critères suivants :

- accroissement de VO_2 inférieur à 100 ml malgré une augmentation de charge ;
- atteinte de la fréquence cardiaque maximale théorique ;
- quotient respiratoire supérieur à 1,10 ;
- incapacité du sujet à maintenir la fréquence de pédalage imposée malgré les encouragements.

Des prélèvements sanguins ont été réalisés au repos, à la fin de l'exercice, et après respectivement 5, 10 et 15 minutes de récupération passive, l'exercice étant réalisé trois heures après la prise de la dernière gélule, afin de mesurer les concentrations plasmatiques de GH, d'insuline et de lactates.

Les résultats sont présentés en moyenne ± écart-type sur la moyenne (SE). Un test spécifique pour étude en cross-over a été utilisé pour déterminer s'il existait ou non des différences entre les paramètres de performance obtenus sous Pla et Sal. Les différences entre les traitements des paramètres métaboliques et hormonaux ont été analysées par une Anova deux voies avec mesures répétées. La significativité a été retenue pour p inférieur à 0,05.

3. Résultats

3.1. Performance (Tableau 1)

La VO_{2max} et la puissance maximale aérobie (PMA) ne sont pas modifiées chez nos sujets, qu'elles soient sédentaires ou sportives sous Sal vs Pla.

3.2. Paramètres métaboliques et hormonaux (Fig. 1)

Il n'existe aucune différence significative pour les paramètres étudiés entre les deux traitements, qu'il s'agisse des valeurs de repos, de fin d'exercice ou de récupération.

4. Discussion

Le premier résultat de notre étude montre qu'une prise chronique thérapeutique de salbutamol n'entraîne pas de modifica-

Tableau 1
Paramètres de performance obtenus au cours d'une épreuve triangulaire maximale à la fin du traitement de placebo (Pla) et de salbutamol (Sal) chez des sujets entraînés (E) et sédentaires (S)

Performance (Moyenne ± sem)	Placebo	Salbutamol
Sujets entraînés		
VO_{2max} (ml.kg^{-1}.min^{-1})	42,5^a ± 1,7	42,1^a ± 2,9
Puissance maximale aérobie (W)	215,7^a ± 14,7	215,7^a ± 10,4
Fréquence cardiaque maximale (batt.min^{-1})	187 ± 3,9	185 ± 2,1
Sujets sédentaires		
VO_{2max} (ml.kg^{-1}.min^{-1})	36,8 ± 2,8	37,4 ± 2,9
Puissance maximale aérobie (W)	164,3 ± 7,2	158,6 ± 7,4
Fréquence cardiaque maximale (batt.min^{-1})	182 ± 2,5	182 ± 3,3

^{a} Différence significative entre E et S, $p < 0,05$.

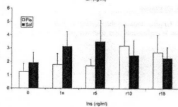

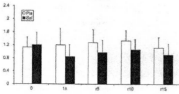

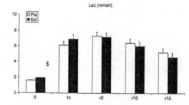

Fig. 1. Concentrations de la GH, de l'insuline et des lactates, obtenues au repos, à la fin de l'exercice et au cours de la récupération sous placebo (Pla) et salbutamol (Sal).

tion de la performance au cours d'un exercice triangulaire classique, et cela quelle que soit l'aptitude physique des sujets. Ce résultat va à l'encontre des études précédemment effectuées suite à des prises chroniques thérapeutiques de salbutamol, mettant en évidence des améliorations significatives de performance lors de la réalisation d'exercices sub- ou supramaximaux chez des sujets de sexe masculin [1,3,4] et féminin (résultats personnels). Une des hypothèses permettant d'expliquer l'absence d'amélioration de performance dans l'étude présente pourrait être le manque de sensibilité de ce test.

Parallèlement, aucune différence significative suite à une prise de salbutamol n'est retrouvée au niveau des concentrations d'insuline, de GH ou de lactates. Au vu des modifications importantes de ces paramètres hormonaux mises en évidence suite à une prise aiguë de salbutamol [2], on peut envisager un mécanisme de tolérance induit par ces quatre semaines de traitement.

5. Conclusion

La prise chronique thérapeutique de salbutamol n'améliore pas la performance lors d'un exercice triangulaire maximal

chez la femme. De nouvelles études, s'intéressant aux répercussions d'une prise aiguë de salbutamol au cours du même type d'exercice, permettraient en particulier de vérifier l'hypothèse de tolérance avancée.

Remerciements

Cette étude a bénéficié du soutien financier du Conseil de prévention et de lutte contre le dopage.

Références

[1] Caruso J, Signorile J, Porry A, Leblanc B, Williams R, Clark M, et al. The effects of albuterol and isokinetic exercise on the quadriceps muscle group. Med Sci Sports Exerc 1995;27:1471–6.

[2] Collomp K, Le Panse B, Portier H, Lecoq AM, Jaffre C, Beaupied H, et al. Effects of acute salbutamol intake during a Wingate test. Int J Sports Med 2005;26:513–7.

[3] Le Panse B, Collomp K, Portier H, Lecoq AM, Jaffre C, Beaupied H, et al. Effects of short-term salbutamol ingestion during a Wingate test. Int J Sports Med 2005;26:518–23.

[4] Martineau L, Horan M, Rothwell N, Little R. Salbutamol, a β_2-adrenoceptor agonist, increases skeletal muscle strength in young men. Clin Sci 1992;83:615–21.

ARTICLE V

Soumis à Medecine Science & Sport of Exercise

Effects of acute salbutamol intake during supramaximal exercise in women

Key words: Beta 2 agonist - Acute administration - Women - Performance - GH - lactate

B. Le Panse[1], A. Arlettaz[1], H. Portier[1], AM. Lecoq[2], De Ceaurriz[3], K. Collomp[4]

[1] : Laboratoire Activité Physique, Santé et Performance (LAPSEP), Université d'Orléans, Orléans, France

[2] : Service de Physiopathologie de l'exercice, Laboratoire Activité Physique, Santé et Performance, Orléans

[3] : Laboratoire National de Dépistage du Dopage (LNDD), Chatenay-Malabry, France

[4] : Laboratoire Activité Physique, Santé et Performance, Laboratoire National de Depistage du Dopage

ABSTRACT

Purpose: To study the effects of an acute therapeutic oral intake of beta-$_2$ agonist on performance and substrate response during supramaximal exercise in women. **Methods:** Twelve healthy moderately trained female volunteers performed a Wingate test after ingestion of placebo (Pla) and salbutamol (Sal, 4 mg) according to a double-blind randomized cross-over study. Blood samples were collected at rest, after 5, 10, 15 min of exercise, at exhaustion and after 5 (r5) , 10 (r10), and 15 (r15) min of passive recovery for ACTH, growth hormone, insulin, blood glucose and lactate measurements. **Results:** Peak and mean power significantly increased whereas time to peak power was significantly shorter with Sal compared to Pla (p<0.05). No change was observed in the fatigue index. ACTH was not significantly modified but r15 GH significantly decreased (p<0.05) after Sal intake. Both blood INS and blood glucose were significantly increased by Sal during all the experiment (p<0.01). Blood lactate was significantly increased by Sal vs Pla (p<0.05) after 10 and 15 min of passive recovery. **Conclusion:** From these data, acute therapeutic oral intake of salbutamol appears to induce irrespective of the subjects' gender an improvement in performance during a supramaximal exercise, i.e., increase in peak power and mean power. Further studies are necessary to clarify whether the mechanisms involved in the response to salbutamol are linked to central and/or peripheral pathways.

Key words: Beta-$_2$ agonist - Acute administration - Women - Performance - GH - lactate.

INTRODUCTION

Paragraph Number 1

Numerous studies have demonstrated an increased prevalence of bronchial responsiveness and exercise-induced bronchoconstriction (EIB) in athletes, clinical entity that affects approximately 15% of them (2, 8). Standard treatment involves the use of beta-2 mimetics, which are widely accepted as the treatment of choice in EIB (2, 8, 17). However, athletes are now required to provide objective evidence of asthma or EIB when applying to be allowed by the World Antidoping Agency (WADA) to use inhaled β_2-agonists, while systemic administration is currently banned both in in- and out-competition doping controls (26). Indeed, different studies seem to demonstrate an ergogenic effect after both acute and chronic beta-2 agonist oral intake or inhalation at supra-therapeutic doses in healthy men whatever the intensity of exercise tested (4, 6, 7, 13, 15, 24, 25). There is, however, only little literature on the effects of acute systemic beta-2 agonist administration during high intensity exercise. As a matter of fact, Van Baak et al. (24) reported a significantly increased isokinetic strength of the knee flexors and extensors in nonasthmatic men after an acute therapeutic oral salbutamol intake. Similarly, we found in a precedent study (7) that the same acute administration of oral salbutamol intake (4 mg) significantly improved peak power and mean power whilst significantly shortening the time to peak power compared to placebo in men during a Wingate test. However, to our knowledge, no study of systemic use has focused on women and a specific gender response to beta-2 agonist can be questioned.

Paragraph Number 2

The purpose of this study was therefore to investigate the influence of acute beta-2 agonist intake at therapeutic doses, i.e., 4 mg salbutamol, on physical performance and blood hormonal and metabolite levels during supramaximal exercise in women.

METHODS

Paragraph Number 3

Subjects. Twelve recreational trained women (with sport participation between 1 to 3 times per week in various sports such as athletics, weightlifting, and basket-ball for at least three years) were invited to participate in this study. Subjects were required to have been taking a low-dose oral contraceptive (OC) pill continuously throughout the past 12 months. They were screened with a medical history and physical examination to exclude those subjects with a history of bronchospasm or atopy. Exclusion criteria included respiratory tract infection during the previous month, regular use of tobacco, regular use of any medical drug, recognized asthma or allergy during the 5 years prior to the study, or a restriction in forced expiratory volume during one second (FEV1) of more than 10% after incremental maximal exercise. Subjects were 22.3 ± 0.9 (SE) years of age and weighed 59.1 ± 4.4 kg

Subjects were asked to maintain similar exercise patterns and normal food intake and were required to continue taking the OC pill at the same time each day as specified for OC usage throughout the duration of the experiments. They were also to abstain from intense exercise and any caffeine and alcohol 24 hours before each trial, which were always performed during the second part of the cycle.

Subjects were informed of the nature of the study, testing protocols, possible risks, or discomforts and signed a written informed consent. The Human Research Ethics Committee of the Tours Hospital approved the study.

Paragraph Number 4

Experimental design.

The 30 s Wingate test protocol was performed on a Monark pan load bicycle ergometer with a resistance of $0.075kg.(kg\ body\ mass)^{-1}$ as recommended.

Prior to the start of each Wingate test, the saddle height, handlebar height and distance between saddle and handlebar were adjusted to the patients' leg and arm lengths (comfortable cycling height). These individual bicycle specifications were retained throughout the whole of the experiment. Subjects were requested to stay seated during the Wingate trials. They were also instructed to pedal as fast as possible from a dead stop and to maintain maximal pedalling speed throughout the 30 sec period. During the test, the revolutions were determined using a magnetic switch and magnets mounted on the wheel of the ergometer. Revolutions were recorded by a computer and used in the calculation of the power variables. The magnets were checked prior to every test session to make sure that the magnets and switch were producing a signal that was received and recorded by the computer. At the end of the Wingate test, rpm and resistance were used to calculate: - peak power (PP), i.e., the highest power output achieved during the 30 sec sprint, the product of force (F_{PP}) and velocity (V_{PP}); - mean power (MP), i.e., the average power output over the 30 sec sprint, - time to peak power (TTPP), i.e., the time between the start of the sprint test and the time at which PP is recorded and - the fatigue index (FI), i.e., the difference between PP and the lowest power divided by PP.

Familiarization of subjects with the protocol and reproducibility of the test were improved by asking the subject to perform an additional supramaximal anaerobic Wingate test trial ride in the month prior to the actual experiment.

Paragraph Number 5

Drugs.

The placebo, i.e., lactose, and salbutamol were packaged in identical gelatin capsules to permit a double-blind administration.

Salbutamol: The choice of the dose of salbutamol (4 mg) was made in accordance with previous literature (24). Salbutamol *(trade name: SALBUMOL 2 mg, tablet, Glaxo-Wellcome Laboratory, Paris)* was administered 3 h prior to the test, when maximal pharmacological activity was expected.

Treatments: Two treatments, i.e., placebo (Pla, i.e., lactose) and salbutamol (Sal) were administered to each subject according to a double-blind and randomized cross-over method. The two trials were separated by a three to four week interval.

Paragraph Number 6

Protocol. After a period of familiarization with this type of exercise in the month prior to the experiment, each subject performed twice the supramaximal exercise test. The protocol for each trial was identical. Trials were held at the same time of day (9:30AM – 10:30AM) for each subject in order to prevent diurnal variations in hormonal responses.

On the day of the experiment, subjects reported to the laboratory at 8:30AM – 9:30AM, two hours after ingesting a capsule containing either Pla or Sal (4 mg) and one hour after ingesting a light meal, which was standardized and identical for each trial. Dietary consistency (2 slices of bread and butter, 50 g of cheese and 300 ml of unsweetened orange juice totaling about 2100 kJ) was confirmed through self-reported diet records and questioning before each trial. After insertion of a catheter into a superficial forearm vein (9:00AM – 10:00AM), subjects warmed up with light cycling exercise. An accurate record was kept for the duration intensity of the warm-up on the first trial (about 2 min) which was identical for all trials and was not considered as part of the total exercise time.

The subjects then rested, and, at 9:30AM - 10:30AM performed a 30-s Wingate anaerobic power test. Blood samples were taken at rest, at the end of the Wingate test, at 5, 10 and 15 min of passive recovery.

Paragraph Number 7

Blood Analyses. Blood samples (6 ml) were immediately separated into two aliquots, promptly centrifuged, 10 min at 4°C, 3000 rpm, and stored at −72°C until assays. Three ml were placed in a chilled sodium heparinized tube for growth hormone (GH), and insulin (Ins) determination and the last 3 ml in a chilled EDTA-aprotinin tube for ACTH, blood glucose (Glu) and lactate (Lac) analysis.

ELISA (Enzyme-Linked Immunosorbent Assay) tests were used for the hormone analyses: (kits from Biomedica, USA, -ACTH-, DSL, Germany, - GH, Bioadvance, France, -insulin). Blood lactate and blood glucose were analyzed respectively by electro-enzymatic (Microzym, Biosentec, France) and by classic enzymatic method. All assays were made in duplicate. Coefficients of variation (inter- and intra-assay) for all parameters were always <10%.

Paragraph Number 8

Statistics. Data are presented as mean values ± standard error of the mean (SE).

A specific test for crossover trials was used to determine whether significant differences existed between Pla and Sal performance parameters.

Differences in blood parameters between the trials were analyzed with a one-way analysis of variance with repeated measurements. A post-hoc Newman-Keuls test was performed to determine the location of the differences, in the event of an ANOVA revealing a significant main effect. The null hypothesis was rejected at $p<0.05$.

RESULTS

Paragraph Number 9

Performance responses (Table 1)

No rank order effect was detected. PP was significantly increased after Sal intake vs Pla ($p<0.05$) with a significant reduction in TTPP ($p<0.05$). F_{PP} was significantly increased with Sal ($p<0.05$) without any significant change in V_{PP}. Similarly, MP was significantly higher with Sal ($p<0.05$). No change in FI was noted with SAL compared to Pla.

Paragraph Number 10

Hormonal concentrations (Fig 1)

GH

Exercise induced a significant rise in basal GH concentrations ($p<0.05$) with Pla that started to be significant after 15 min of recovery whereas no significant change compared to resting values was found with Sal either at the end of the Wingate test or during recovery.

Sal did not cause any significant difference in GH concentrations at rest or at the end of exercise but they were significantly lower compared to Pla ($p<0.05$) after 15 min of recovery.

ACTH

The ANOVA revealed no significant treatment effect on ACTH concentrations. Exercise induced a significant increase in resting ACTH concentrations ($p<0.05$) after 10 min of recovery with both treatments.

Insulin

Resting Ins values were significantly increased with Sal compared to Pla ($p<0.01$).

Exercise did not change the basal Ins concentrations whatever the treatment administered. Exercise and recovery Ins values remained significantly higher ($p<0.01$) with Sal compared to Pla throughout exercise and during recovery.

Paragraph Number 11

Metabolic data (Fig 2)

Blood glucose

Basal Glu level was not significantly altered during exercise irrespective of the treatment administered. However, blood glucose concentration were significantly higher with Sal compared to Pla ($p<0.01$) throughout the experiment.

Lactate

There were no significant differences in basal and end exercise Lac values between Pla and Sal treatments. However, Lac concentrations appeared significantly increased by Sal vs Pla after 10 and 15 min of passive recovery.

Basal Lac concentrations were significantly higher at the end of exercise whatever the treatment administered and remained significantly higher compared to rest values throughout both exercise and recovery ($p<0.05$).

DISCUSSION

Paragraph Number 12

Our results show that acute therapeutic oral intake of beta-2 mimetic, i.e. 4 mg of salbutamol, did improve performance during supramaximal exercise in healthy moderately trained female volunteers. Alterations in hormonal and metabolic parameters, i.e., insulin, GH, blood glucose and lactate responses, were recorded after salbutamol administration.

Paragraph Number 13

Few studies have focused on the effects of an acute administration of beta-2 agonist during maximal or supramaximal exercise (3, 7, 12, 14, 16, 21, 23, 24). Most of them did not report any improvement in performance after acute local (inhalation) administration (12, 14, 16). However, two studies (3, 21) showed that inhaled salbutamol exerted an ergogenic effect on power out. Only one of these trials (21) tested both male and female anaerobic performance after salbutamol inhalation and reported an ergogenic effect of salbutamol on power output, but it is not known if gender influenced the results as the data were not analysed by gender. To the best of our knowledge, only 2 works (7, 24) investigated the effects on healthy men during this type of exercise of acute systemic therapeutic (oral) administration, i.e., administering 10 times the therapeutic inhaled dose, and reported either increased isokinetic strength of the knee flexors and extensors (24) or increased in peak power during a Wingate test (7). However, there is no previous study that investigates the effect of acute systemic salbutamol use on anaerobic performance in women. The results of the present work demonstrate that acute salbutamol intake has an ergogenic effect on power output in recreational trained women. This was demonstrated by the statistically significant positive effect of salbutamol intake compared with the use of placebo on PP, F_{PP}, MP and TTPP measured during a 30-second Wingate test. There were, however, no significant changes in the velocity at PP nor in the fatigue index. These results support our previous findings in men with similar training status (7) which demonstrated that there was a significant improvement in both anaerobic peak power and mean power, which is similar to the differences seen in this trial, after acute oral salbutamol. These findings concur also with the work of Signorile et al. (21) in that an ergogenic effect on short-term power output that was independant from the impact on respiratory muscle was observed after salbutamol inhalation in both male and female non-asthmatic subjects. The concern regarding the widespread use of salbutamol is justified, as there are several non-respiratory mechanisms through which salbutamol could, hypothetically, have an effect on performance. First, increased contractility and fast-twitch fiber response have been reported in animal studies. Therefore, although the anabolic effect of beta-2 agonists after single administration (18) can be quickly dismissed, it is suggested that the significant ergogenic effect of salbutamol could be linked to an increased Ca^{2+} release from the sarcoplasmic reticulum and/or to an increased Ca^{2+} sensitivity (5, 11, 21). In view of the increase in both blood glucose and lactate after salbutamol intake, a direct role for enhanced glycogenolysis in the performance improvement cannot be ignored. Finally, further studies are necessary to verify the stimulatory effects of beta-2 agonists on the CNS that may enhance performance (17). Anyway, in view of the results obtained in this work, it seems unlikely that beta-2 agonist drugs have different effects in males and females.

Paragraph Number 14

Salbutamol ingestion increased both blood glucose and insulin in healthy women throughout the experiment. These results are in agreement with previous data (6, 10, 19, 22). Beta-2 receptors are involved in glycogenolysis and insulin release and salbutamol has been shown to increase basal plasma concentrations of glucose and insulin in healthy volunteers as well as in diabetic patients (19, 27). The increase in blood glucose reported here at rest, during exercise and during recovery suggests that this drug stimulates muscle and/or liver glycogenolysis.

This would also account for the reported higher recovery lactate concentrations. As mentioned above and as shown by earlier studies on submaximal exercise (6), blood lactate concentrations were statistically higher in this trial during recovery with salbutamol compared to placebo. The exact mechanism by which salbutamol increases blood lactate concentration is not thought at time but may reflect an increased β_2-adrenergic receptor-mediated glycolytic flux in skeletal muscle possibly associated with a change in lactate removal. At the same time, the rise in insulin indicates that salbutamol has a direct or an indirect stimulatory effect on beta-receptors in the insulin-secreting cells of the pancreas in response to hyperglycaemia.

Paragraph Number 15

We demonstrated a non-significant decrease in GH by salbutamol intake at rest and at the end of exercise, with a significant decrease after 15 minute of passive recovery. These results are consistent with earlier but limited data on the effects of acute salbutamol on GH (7, 9, 20). Trials in experimental animals or in humans have found acute salbutamol administration either to decrease GH secretion, probably via enhanced somatostatin secretion and/or activity or to have no effect on GH secretion. In the only study during exercise in adult patients with asthmatic bronchitis, Giustina et al. (9) found that acute β_2 stimulation blunts the physiological GH response to maximal exercise. Finally, the results of the present study confirmed the data we obtained for men with the same protocol. This study showed that GH levels tended to fall during the first part of the experiment but the decrease only started to be significant after 10 min of recovery after salbutamol compared to placebo. It appears therefore that acute salbutamol intake affects GH secretion during supramaximal exercise irrespective of the subjects' gender.

Paragraph Number 16

Although stimulation of central alpha 1-adrenergic mechanisms results in secretion of ACTH in man, presumably by increased release of a corticotrophin-releasing factor, beta-2 adrenergic agonist drugs had no effect on the secretion of ACTH at rest (1). However, to the best of our knowledge, the effects of salbutamol on ACTH secretion have never been investigated during exercise. In the present study, we found a significant increase in recovery ACTH concentrations compared to basal values, irrespective of the treatment administered. It seems therefore that salbutamol did not alter ACTH secretion during this type of exercise in women.

CONCLUSION

Paragraph Number 17

Our data show that acute salbutamol intake, as in men, improves cycling performance in women during supramaximal exercise as shown by the significant increase in both peak and mean power. However, despite the numerous change in metabolic and hormonal changes induced after systemic acute salbutamol administration, the mechanisms that could account for this performance gain are as yet only speculative and will have to be demonstrated in further work.

ACKNOWLEDGEMENTS

Paragraph Number 18

This project has been carried out with the support of WADA (World Anti-doping Agency). The authors wish to express their gratitude to the subjects for their dedicated performance. In addition, we likewise thank the Orléans CHR, Pr Candau, Pr Courteix and Dr. M. Ferry for their assistance. We gratefully acknowledge the expert technical assistance provided by Mr Régis Bonnefoy.

REFERENCES

1. Al-Damluji, S., L. Perry, S. Tomlin, P. Bouloux, A. Grossman, L.H. Rees, and G.M. Besser. Alpha-adrenergic stimulation of corticotropin secretion by a specific central mechanism in man. *Neuroendocrinology.* 45: 68-76, 1987.

2. Beck, K., M. Joyner, and P. Scanlon. Exercise-induced Asthma: Diagnosis, Treatment, and Regulatory Issues. *Exerc. Sport Sci. Rev.* 30: 1-3, 2002.

3. Bedi, J. H. Gong, and S. Horvath. Enhancement of exercise performance with inhaled albuterol. *Can. J. Sport Sci.* 13: 144-148, 1988.

4. Caruso, J., J. Signorile, A. Perry, B. Leblanc, R. Williams, M. Clark, and M. Bamman. The effects of albuterol and isokinetic exercise on the quadriceps muscle group. *Med. Sci. Sports Exerc.* 27: 1471-1476, 1995.

5. Caswell, A., S. Baker, H. Boyd, L. Potter, and M. Garcia. β-adrenergic receptor and adenylate cyclase in transverse tubules of skeletal muscles. *J. Biol. Chem.* 253: 3049-3054, 1978.

6. Collomp, K., R. Candau, R. Collomp, J. Carra, F. Lasne, C. Préfaut, and J. De Ceaurriz. Effects of acute ingestion of salbutamol during submaximal exercise. *Int. J. Sports Med.* 21: 480-484, 2000.

7. Collomp, K., B. LePanse, H. Portier, A.M. Lecoq, C. Jaffre, O. Richard, L. Benhamou, D. Courteix, and J. De Ceaurriz. Effects of acute salbutamol intake during a Wingate test. *Int. J. Sports Med.* 26: 513-517, 2005.

8. Fitch, K.D. The use of anti-asthmatic drugs. Do they affect sports performance? *Sports Med.* 3: 136-150, 1986.

9. Giustina, A., M. Malerba, E. Bresciani, P. Desenzani, M. Licini, G. Zaltieri, and V. Grassi. Effect of two β_2-agonist drugs, salbutamol and broxaterol, on the growth hormone response to exercise in adult patients with asthmatic bronchitis. *J. Endocrinol. Invest.* 18: 847-852, 1995.

10. Goldberg, R., M. Van As, B. Joffe, L. Krut, I. Bersohn, and H. Seftel. Metabolic responses to selective β adrenergic stimulation in man. *Postgrad. Med. J.* 51: 53-58, 1975.

11. Gonzalez-Serratos, H., L. Hill, R. Valle-Aguilera. Effects of catecholamines and cyclic AMP on excitation-contraction coupling in isolated skeletal muscle fibers of the frog. *J. Physiol.* 315: 267-282, 1981.

12. Goubault, C., M.C. Perault, E. Leleu, S. Bouquet, P. Legros, B. Vandel, and A. Denjean. Effects of inhaled salbutamol in exercising non-asthmatic athletes. *Thorax* 56: 675-679, 2001.

13. Le Panse, B., K. Collomp, H. Portier, A.M. Lecoq, C. Jaffre, H. Beaupied, O. Richard, L. Benhamou, J. De Ceaurriz, and D. Courteix. Effects of short-term salbutamol ingestion during a Wingate test. *Int. J. Sports Med.* 26: 518-523, 2005.

14. Lemmer, J., S. Fleck, J. Wallach, S. Fox, E. Burke, J. Kearney, and W. Storms. The effects of albuterol on power output in non-asthmatic athletes. *Int. J. Sports Med.* 16: 243-249, 1995.

15. Martineau, L., M. Horan, N. Rothwell, and R. Little. Salbutamol, a β2-adrenoceptor agonist, increases skeletal muscle strength in young men. *Clin. Sci.* 83: 615-21, 1992.

16. Meeuwisse, W., D. McKenzie, S. Hopkins, and J. Road. The effect of salbutamol on performance in elite nonasthmatic athletes. *Med. Sci. Sports Exerc.* 24: 1161-1166, 1992.

17. Price, A., and S. Clissold. Salbutamol in the 1980s. A reappraisal of its clinical efficacy. *Drugs* 38: 77-122, 1989.

18. Reeds, P., S. Hay, P. Dorward, and R. Palmer. The effects of β-agonists and antagonists on muscle growth and body composition of young rats. *Comp. Biochem. Physiol.* 89: 337-341, 1988.

19. Rolf Smith, S., and M. Kendall. Metabolic responses to β_2 stimulants. *J. R. Coll. Chest. Physiol.* 18: 190-194, 1984.

20. Schaub, C., M. Bluet Pajot, and R. Partouche. The effects of β adrenergic receptor agonist salbutamol on growth-hormone release in the rhesus monkey. *IRCS Med. Sci.* 11: 832-833, 1983.

21. Signorile, J., T. Kaplan, B. Applegate, and A. Perry. Effects of acute inhalation of the bronchodilator, albuterol, on power output. *Med. Sci. Sports Exerc.* 24: 638-642, 1992.

22. Smith, A., J. Banks, K. Buchenen, B. Cheong, and K. Gunawardena. Mechanisms of abnormal glucose metabolism during the treatment of acute severe asthma. *Q. J. Med.* 82: 71-80, 1992.

23. Stewart, I., J. Labreche, and D. McKenzie. Acute formoterol administration has no ergogenic effect in nonasthmatic athletes. *Med. Sci. Sports Exerc.* 34: 213-217, 2002.

24. Van Baak, M., L. Mayer, R. Kempinski, and F. Hartgens. Effect of salbutamol on muscle strength and endurance performance in nonasthmatic men. *Med. Sci. Sports Exerc.* 32: 1300-1306, 2000.

25. Van Baak, M., O. de Hon, F. Hartgens, and H. Kuipers. Inhaled salbutamol and endurance cycling performance in non-asthmatic athletes. *Int. J. Sports Med.* 25: 533-538, 2004.

26. WADA list of doping classes and methods, 2006

27. Wager, J., B. Fredholm, N. Lunell, and B. Persson. Metabolic and circulatory effects of intravenous and oral salbutamol in late pregnancy in diabetic and non diabetic women. *Acta. Obstet. Gynaecol. Scand.* 108: 41-46, 1982.

Table 1 : Performance responses after placebo (Pla) and acute salbutamol (Sal) intake during the Wingate test

Performance indices (Mean ± SE)	Pla	Sal
Peak Power (W)	732.9 ± 39.9	778.8 ± 44.0 *
Peak Power (W/kg)	12.6 ± 0.65	13.2 ± 0.62 *
Mean Power (W)	395.7 ± 15.8	414.4 ± 17.4 *
Force $_{Peak Power}$ (N)	57.6 ± 3.2	65.2 ± 3.4 *
Force $_{Peak Power}$ (N/kg)	0.98 ± 0.03	1.12 ± 0.06 *
Velocity $_{Peak Power}$ (rpm)	129.2 ± 6.3	121.0 ± 4.2
Time to peak power (s)	2.65 ± 0.17	1.79 ± 0.08 *
Fatigue index (%)	63.5 ± 2.0	66.6 ± 1.7

*Significant difference between Pla and Sal ($p < 0.05$)

FIGURE LEGENDS

Figure 1

Growth hormone (GH), ACTH, and insulin (INS) (means ± SE) at rest, at the end of the

Wingate test and during passive recovery (5 min, 10 min, and 15 min post exercise) after

placebo (Pla) and salbutamol (Sal) intake

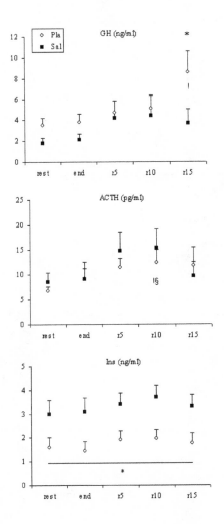

Figure 2

Glucose (Glu) and lactate (Lac) (means ± SE) at rest, at the end of the Wingate test and during

passive recovery (5 min, 10 min, and 15 min post exercise) after placebo (Pla) and salbutamol

(Sal) intake

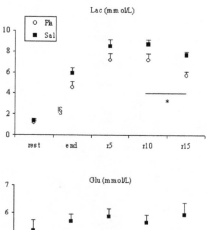

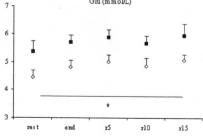

* Significant difference between Pla and Sal (p<0.05)
! Start of significant difference compared to basal values after Pla intake (p<0.05)
§ Start of significant difference compared to basal values after Sal intake (p<0.05)

ANNEXES

Code mondial antidopage

LISTE DES INTERDICTIONS 2006

STANDARD INTERNATIONAL

Le texte officiel de la *Liste des interdictions* sera tenu à jour par l'*AMA* et publié en anglais et en français. La version anglaise fera autorité en cas de divergence entre les deux versions.

Cette liste entrera en vigueur le 1ᵉʳ janvier 2006.

LISTE DES INTERDICTIONS 2006
CODE MONDIAL ANTIDOPAGE

Entrée en vigueur le 1ᵉʳ janvier 2006

L'utilisation de tout médicament devrait être limitée à des
indications médicalement justifiées

**SUBSTANCES ET MÉTHODES INTERDITES EN
PERMANENCE
(EN ET HORS COMPÉTITION)**

SUBSTANCES INTERDITES

S1. AGENTS ANABOLISANTS

Les agents anabolisants sont interdits.

1.   Stéroïdes anabolisants androgènes (SAA)

a. SAA exogènes*, incluant:

1-androstènediol (5α-androst-1-ène-3β,17β-diol); **1-androstènedione** (5α-
androst-1-ène-3,17-dione); **bolandiol** (19-norandrostènediol); **bolastérone;
boldénone; boldione** (androsta-1,4-diène-3,17-dione); **calustérone;
clostébol; danazol** (17α-ethynyl-17β-hydroxyandrost-4-eno[2,3-d]isoxazole);
déhydrochlorméthyltestostérone (4-chloro-17β-hydroxy-17α-methylandrosta-
1,4-dien-3-one); **désoxyméthyltestostérone** (17α-methyl-5α-androst-2-en-
17β-ol); **drostanolone; éthylestrénol** (19-nor-17α-pregn-4-en-17-ol);
fluoxymestérone; formébolone; furazabol (17β-hydroxy-17α-methyl-5α-
androstano[2,3-c]-furazan); **gestrinone;
4-hydroxytestostérone** (4,17β-dihydroxyandrost-4-en-3-one); **mestanolone;
mestérolone; méténolone; méthandiénone** (17β-hydroxy-17α-
methylandrosta-1,4-diène-3-one); **méthandriol; méthastérone** (2α, 17α-
dimethyl-5α-androstane-3-one-17β-ol); **méthyldiénolone** (17β-hydroxy-17α-
methylestra-4,9-diène-3-one); **méthyl-1-testostérone** (17β-hydroxy-17α-
methyl-5α-androst-1-en-3-one); **méthylnortestostérone** (17β-hydroxy-17α-
methylestr-4-en-3-one); **méthyltriénolone** (17β-hydroxy-17α-methylestra-
4,9,11-triène-3-one); **méthyltestostérone; mibolérone; nandrolone; 19-
norandrostènedione** (estr-4-ène-3,17-dione); **norbolétone; norclostébol;
noréthandrolone; oxabolone; oxandrolone; oxymestérone; oxymétholone;
prostanozol** ([3,2-c]pyrazole-5α-etioallocholane-17β-tetrahydropyranol);
quinbolone; stanozolol; stenbolone; 1-testostérone (17β-hydroxy-5α-
androst-1-ène-3-one); **tétrahydrogestrinone** (18a-homo-pregna-4,9,11-triène-

17β-ol-3-one); **trenbolone** et autres substances possédant une structure chimique similaire ou un (des) effet(s) biologique(s) similaire(s).

b. SAA endogènes**:

androstènediol (androst-5-ène-3β,17β-diol); **androstènedione** (androst-4-ène-3,17-dione); **dihydrotestostérone** (17β-hydroxy-5α-androstan-3-one); **prastérone** (déhydroépiandrostérone, DHEA); **testostérone** et les métabolites ou isomères suivants:

5α-androstane-3α,17α-diol; 5α-androstane-3α,17β-diol; 5α-androstane-3β,17α-diol; 5α-androstane-3β,17β-diol; androst-4-ène-3α,17α-diol; androst-4-ène-3α,17β-diol; androst-4-ène-3β,17α-diol; androst-5-ène-3α,17α-diol; androst-5-ène-3α,17β-diol; androst-5-ène-3β,17α-diol; 4-androstènediol (androst-4-ène-3β,17β-diol); **5-androstènedione** (androst-5-ène-3,17-dione); **épi-dihydrotestostérone; 3α-hydroxy-5α-androstan-17-one; 3β-hydroxy-5α-androstan-17-one; 19-norandrostérone; 19-norétiocholanolone.**

Dans le cas d'un stéroïde anabolisant androgène pouvant être produit de façon endogène, un *échantillon* sera considéré comme contenant cette *substance interdite* si la concentration de ladite *substance interdite* ou de ses métabolites ou de ses marqueurs et/ou tout autre rapport pertinent dans l'*échantillon* du *sportif* s'écarte suffisamment des valeurs normales trouvées chez l'homme pour qu'une production endogène normale soit improbable. Un *échantillon* ne sera pas considéré dans de tels cas comme contenant une *substance interdite* si le *sportif* prouve que la concentration de *substance interdite* ou de ses métabolites ou de ses marqueurs et/ou tout autre rapport pertinent dans l'*échantillon* du *sportif* est attribuable à un état physiologique ou pathologique.

Dans tous les cas, et quelle que soit la concentration, l'*échantillon* du *sportif* sera considéré comme contenant une *substance interdite* et le laboratoire rapportera un *résultat d'analyse anormal* si, en se basant sur une méthode d'analyse fiable (par ex. SMRI), le laboratoire peut démontrer que la *substance interdite* est d'origine exogène. Dans ce cas, aucune investigation complémentaire ne sera nécessaire.

Quand la valeur rapportée est à des niveaux normalement trouvés chez l'homme et que la méthode d'analyse fiable (par ex. SMRI) n'a pas déterminé l'origine exogène de la substance, mais qu'il existe de sérieuses indications, telles que la comparaison avec des profils stéroïdiens de référence, d'un possible usage d'une *substance interdite*, l'*organisation antidopage* responsable effectuera une investigation plus approfondie, qui comprendra un examen de tous les *contrôles* antérieurs et/ou subséquents, afin de déterminer si le résultat est attribuable à un état physiologique ou pathologique, ou résulte de la prise d'une *substance interdite* d'origine exogène.

Quand un laboratoire a rendu un rapport T/E supérieur à quatre (4) pour un (1) et que l'application d'une méthode d'analyse fiable (par ex. SMRI) n'a pas démontré que la *substance interdite* était d'origine exogène, une investigation complémentaire peut être menée, comprenant un examen de tous les *contrôles* antérieurs et/ou subséquents, afin de déterminer si le résultat est attribuable à un état physiologique ou pathologique, ou résulte de la prise d'une *substance interdite* d'origine exogène. Si un laboratoire rapporte un *résultat d'analyse anormal* basé sur l'application d'une méthode d'analyse fiable (par ex. SMRI), démontrant que la *substance interdite* est d'origine exogène, aucune investigation complementaire ne sera nécessaire et l'*échantillon* du *sportif* sera considéré comme contenant une *substance interdite*. Quand une méthode d'analyse fiable (par ex. SMRI) n'a été pas appliquée et qu'un minimum de trois résultats des *contrôles* antérieurs ne sont pas disponibles, *l'organization antidopage* responsable soumettra le *sportif* à un *contrôle* inopiné au moins trois fois pendant une période de trois mois. Si le profil longitudinal du *sportif* soumis à ces contrôles complémentaires n'est pas physiologiquement normal, le laboratoire rendra un *résultat d'analyse anormal*.

Dans des cas individuels extrêmement rares, la boldénone peut être retrouvée de façon endogène et à des niveaux constants très bas de quelques nanogrammes par millilitre (ng/mL) dans les urines. Quand un tel niveau très bas de boldénone est rapporté par le laboratoire et que l'application d'une méthode d'analyse fiable (par ex. SMRI) ne démontre pas que la substance est d'origine exogène, une investigation complémentaire peut être menée, comprenant un examen de tous les contrôles antérieurs et/ou subséquents. Quand une méthode d'analyse fiable (par ex. SMRI) n'a pas été appliquée, *l'organization antidopage* responsable soumettra le *sportif* à un *contrôle* inopiné au moins trois fois pendant une période de trois mois. Si le profil longitudinal du *sportif* soumis à ces contrôles complémentaires n'est pas physiologiquement normal, le laboratoire rendra un *résultat d'analyse anormal*.

Pour la 19-norandrostérone, un *résultat d'analyse anormal* rendu par le laboratoire est considéré comme une preuve scientifique et valide démontrant l'origine exogène de la *substance interdite*. Dans ce cas, aucune investigation complémentaire n'est nécessaire.

Si le *sportif* refuse de collaborer aux examens complémentaires, son *échantillon* sera considéré comme contenant une *substance interdite*.

2. Autres agents anabolisants, incluant sans s'y limiter:

Clenbutérol, tibolone, zéranol, zilpatérol.

> *Pour les besoins du présent document :*
> * « *exogène* » *désigne une substance qui ne peut pas être habituellement produite naturellement par l'organisme humain.*
> ** « *endogène* » *désigne une substance qui peut être produite naturellement par l'organisme humain.*

S2. HORMONES ET SUBSTANCES APPARENTÉES

Les substances qui suivent, y compris d'autres substances possédant une structure chimique similaire ou un (des) effet(s) biologique(s) similaire(s), et leurs facteurs de libération, sont interdites:

1. **Érythropoïétine (EPO);**
2. **Hormone de croissance (hGH), facteurs de croissance analogues à l'insuline (par ex. IGF-1), facteurs de croissance mécaniques (MGFs);**
3. **Gonadotrophines (LH, hCG),** interdites chez le *sportif* de sexe masculin seulement;
4. **Insuline;**
5. **Corticotrophines.**

À moins que le *sportif* puisse démontrer que la concentration était due à un état physiologique ou pathologique, un *échantillon* sera considéré comme contenant une *substance interdite* (selon la liste ci-dessus) lorsque la concentration de *substance interdite* ou de ses métabolites ou de ses marqueurs et/ou tout autre rapport pertinent dans l'*échantillon* du *sportif* est supérieur aux valeurs normales chez l'humain et qu'une production endogène normale est improbable.

Si le laboratoire peut démontrer, en se basant sur une méthode d'analyse fiable que la *substance interdite* est d'origine exogène, l'*échantillon* du *sportif* sera considéré comme contenant une *substance interdite* et sera rapporté comme un *résultat d'analyse anormal*.

En outre, la présence de substances possédant une structure chimique similaire ou un (des) effet(s) biologique(s) similaire(s), de marqueur(s) diagnostique(s) ou de facteurs de libération d'une hormone apparaissant dans la liste ci-dessus, ou de tout autre résultat indiquant que la substance détectée est d'origine exogène, sera considéré comme indiquant l'usage d'une substance interdite et sera rapportée comme un *résultat d'analyse anormal*.

S3. BÉTA-2 AGONISTES

Tous les béta-2 agonistes, y compris leurs isomères D- et L-, sont interdits.

À titre d'exception, le formotérol, le salbutamol, le salmétérol et la terbutaline, lorsque utilisés par inhalation, nécessitent une autorisation d'usage à des fins thérapeutiques abrégée.

Quelle que soit la forme de l'autorisation d'usage à des fins thérapeutiques accordée, une concentration de salbutamol (libre plus glucuronide) supérieure à 1000 ng/mL sera considérée comme un *résultat d'analyse anormal*, à moins que le *sportif* ne prouve que ce résultat anormal est consécutif à l'usage thérapeutique de salbutamol par voie inhalée.

S4. AGENTS AVEC ACTIVITÉ ANTI-ŒSTROGÈNE

Les classes suivantes de substances anti-œstrogéniques sont interdites:

1. **Inhibiteurs d'aromatase, incluant sans s'y limiter: anastrozole, létrozole, aminoglutéthimide, exémestane, formestane, testolactone.**

2. **Modulateurs sélectifs des récepteurs aux œstrogènes, incluant sans s'y limiter: raloxifène, tamoxifène, torémifène.**

3. **Autres substances anti-œstrogéniques, incluant sans s'y limiter: clomifène, cyclofénil, fulvestrant.**

S5. DIURÉTIQUES ET AUTRES AGENTS MASQUANTS

Les agents masquants incluent, sans s'y limiter :

Diurétiques*, épitestostérone, probénécide, inhibiteurs de l'alpha-réductase (par ex. **dutastéride et finastéride**), **succédanés de plasma** (par ex. **albumine, dextran, hydroxyéthylamidon**).

Les diurétiques incluent :

acétazolamide, amiloride, bumétanide, canrénone, chlortalidone, acide étacrynique, furosémide, indapamide, métolazone, spironolactone, thiazides (par ex. **bendrofluméthiazide, chlorothiazide, hydrochlorothiazide), triamtérène,** et autres substances possédant une structure chimique similaire ou un (des) effet(s) biologique(s) similaire(s) (sauf la drospérinone, qui n'est pas interdite).

* Une autorisation d'usage à des fins thérapeutiques n'est pas valable si l'*échantillon* d'urine du *sportif* contient un diurétique détecté en association avec des *substances interdites* à leurs niveaux seuils ou en dessous de leurs niveaux seuils.

MÉTHODES INTERDITES

M1. AMÉLIORATION DU TRANSFERT D'OXYGÈNE

Ce qui suit est interdit :

a. Le dopage sanguin, y compris l'utilisation de produits sanguins autologues, homologues ou hétérologues, ou de globules rouges de toute origine.

b. L'amélioration artificielle de la consommation, du transport ou de la libération de l'oxygène, incluant sans s'y limiter les produits chimiques perfluorés, l'éfaproxiral (RSR13) et les produits d'hémoglobine modifiée (par ex. les substituts de sang à base d'hémoglobine, les produits à base d'hémoglobines réticulées).

M2. MANIPULATION CHIMIQUE ET PHYSIQUE

a) La *falsification*, ou la tentative de *falsification*, dans le but d'altérer l'intégrité et la validité des *échantillons* recueillis lors de *contrôles du dopage* est interdite. Cette catégorie comprend, sans s'y limiter, la cathétérisation, la substitution et/ou l'altération de l'urine.

b) Les perfusions intraveineuses sont interdites, excepté dans le cadre légitime d'un traitement médical aigu.

M3. DOPAGE GÉNÉTIQUE

L'utilisation non thérapeutique de cellules, gènes, éléments génétiques, ou de la modulation de l'expression génique, ayant la capacité d'augmenter la performance sportive, est interdite.

SUBSTANCES ET MÉTHODES
INTERDITES EN COMPÉTITION

Outre les catégories S1 à S5 et M1 à M3 définies ci-dessus, les catégories suivantes sont interdites en compétition:

SUBSTANCES INTERDITES

S6. STIMULANTS

Les stimulants qui suivent sont interdits, y compris leurs isomères optiques (D- et L-) lorsqu'ils s'appliquent:

Adrafinil, adrénaline*, amfépramone, amiphénazole, amphétamine, amphétaminil, benzphétamine, bromantan, carphédon, cathine**, clobenzorex, cocaïne, cropropamide, crotétamide, cyclazodone, diméthylamphétamine, éphédrine***, étamivan, étilamphétamine, étiléfrine, famprofazone, fenbutrazate, fencamfamine, fencamine, fenétylline, fenfluramine, fenproporex, furfénorex, heptaminol, isométheptène, levméthamfétamine, méclofenoxate, méfénorex, méphentermine, mésocarbe, méthamphétamine (D-), méthylènedioxyamphétamine, méthylènedioxyméthamphétamine, p-méthylamphétamine, méthyléphedrine***, méthylphenidate, modafinil, nicéthamide, norfénefrine, norfenfluramine, octopamine, ortétamine, oxilofrine, parahydroxyamphétamine, pémoline, pentétrazole, phendimétrazine, phenmétrazine, phenprométhamine, phentermine, prolintane, propylhexédrine, sélégiline, sibutramine, strychnine, et autres substances possédant une structure chimique similaire ou un (des) effet(s) biologique(s) similaire(s) **** .

* L'adrénaline, associée à des agents anesthésiques locaux, ou en préparation à usage local (par ex. par voie nasale ou ophtalmologique), n'est pas interdite.
** La **cathine** est interdite quand sa concentration dans l'urine dépasse 5 microgrammes par millilitre.
*** L'**éphédrine** et la **méthyléphédrine** sont interdites quand leurs concentrations respectives dans l'urine dépassent 10 microgrammes par millilitre.
**** Les substances suivantes figurant dans le Programme de surveillance 2006 (bupropion, caféine, phényléphrine, phénylpropanolamine, pipradrol, pseudoéphédrine, synéphrine) ne sont pas considérées comme des *substances interdites.*

S7. NARCOTIQUES

Les narcotiques qui suivent sont interdits :

buprénorphine, dextromoramide, diamorphine (héroïne), fentanyl et ses dérivés, hydromorphone, méthadone, morphine, oxycodone, oxymorphone, pentazocine, péthidine.

S8. CANNABINOÏDES

Les cannabinoïdes (par ex. le haschisch, la marijuana) sont interdits.

S9. GLUCOCORTICOÏDES

Tous les glucocorticoïdes sont interdits lorsqu'ils sont administrés par voie orale, rectale, intraveineuse ou intramusculaire. Leur utilisation requiert une autorisation d'usage à des fins thérapeutiques.

A l'exception des voies d'administration indiquées ci-dessous, les autres voies d'administration nécessitent une autorisation d'usage à des fins thérapeutiques abrégée.

Les préparations topiques utilisés pour traiter des affections dermatologiques, auriculaires, nasales, buccales et ophtalmologiques ne sont pas interdites et ne nécessitent en conséquence aucune autorisation d'usage à des fins thérapeutiques.

SUBSTANCES INTERDITES DANS CERTAINS SPORTS

P1. ALCOOL

L'alcool (éthanol) est interdit *en compétition* seulement, dans les sports suivants. La détection sera effectuée par éthylométrie et/ou analyse sanguine. Le seuil de violation est indiqué entre parenthèses.

- Aéronautique (FAI)   (0.20 g/L)
- Automobile (FIA)   (0.10 g/L)
- Billard (WCBS)   (0.20 g/L)
- Boules (CMSB,   (0.10 g/L)
  IPC boules)
- Karaté (WKF)   (0.10 g/L)

- Motocyclisme (FIM)   (0.10 g/L)
- Motonautique (UIM)   (0.30 g/L)
- Pentathlon moderne (UIPM) (0.10 g/L) pour les épreuves comprenant du tir
- Tir à l'arc (FITA, IPC)   (0.10 g/L)

P2. BÉTA-BLOQUANTS

À moins d'indication contraire, les béta-bloquants sont interdits *en compétition* seulement, dans les sports suivants.

- Aéronautique (FAI)
- Automobile (FIA)
- Billard (WCBS)
- Bobsleigh (FIBT)
- Boules (CMSB, IPC boules)
- Bridge (FMB)
- Curling (WCF)
- Échecs (FIDE)
- Gymnastique (FIG)
- Lutte (FILA)
- Motocyclisme (FIM)

- Pentathlon moderne (UIPM) pour les épreuves comprenant du tir
- Quilles (FIQ)
- Ski (FIS) pour le saut à skis, freestyle saut/halfpipe et le snowboard halfpipe/big air
- Tir (ISSF, IPC) (aussi interdits *hors compétition*)
- Tir à l'arc (FITA, IPC) (aussi interdits *hors compétition*)
- Voile (ISAF) pour les barreurs en match racing seulement

Les béta-bloquants incluent sans s'y limiter:

acébutolol, alprénolol, aténolol, bétaxolol, bisoprolol, bunolol, cartéolol, carvédilol, céliprolol, esmolol, labétalol, lévobunolol, métipranolol, métoprolol, nadolol, oxprénolol, pindolol, propranolol, sotalol, timolol.

Liste des interdictions 2006
19 septembre 2005

10

SUBSTANCES SPÉCIFIQUES*

Les « substances spécifiques »* sont énumérées ci-dessous :

- Tous les béta-2 agonistes par inhalation, excepté le clenbutérol;
- Probénécide;
- cathine, cropropamide, crotétamide, éphédrine, étamivan, famprofazone, heptaminol, isométheptène, levméthamfétamine, méclofenoxate, p-méthylamphétamine, méthyléphedrine, nicéthamide, norfénefrine, octopamine, ortétamine, oxilofrine, phenprométhamine, propylhexédrine, sélégiline, sibutramine;
- Cannabinoïdes;
- Tous les glucocorticoïdes;
- Alcool ;
- Tous les béta-bloquants.

* *«La Liste des interdictions peut identifier des substances spécifiques, qui, soit sont particulièrement susceptibles d'entraîner une violation non intentionnelle des règlements antidopage compte tenu de leur présence fréquente dans des médicaments, soit sont moins susceptibles d'être utilisées avec succès comme agents dopants».* Une violation des règles antidopage portant sur ces substances <u>peut</u> se traduire par une sanction réduite si le « *...sportif peut établir qu'il n'a pas utilisé une telle substance dans l'intention d'améliorer sa performance sportive...* ».